Dagmar von Cramm

KINDER-KNIGGE FÜR ELTERN

Inhalt

VORWORT 4

ERZIEHUNGSZIEL: GUTES BENEHMEN 6

Wie viel Höflichkeit soll's sein? 7

Warum ist Eltern »Benimm« so wichtig? 8

Was spricht gegen gutes Benehmen? 10

Gibt es überhaupt noch »Umgangsformen«? 13

Warum Erziehung heute so schwer fällt 15

11 BASICS FÜR ELTERN 16

1. Erziehungsziele: Was wollen Sie erreichen? 17
2. Einigkeit macht stark 19
3. Rahmen, Riten, Regeln: Entlastung im Alltag 20
4. Vorbild sein: Selbsterziehung hört nie auf 21
5. Konsequenz ist der Schlüssel zum Erfolg 23
6. Rechte und Pflichten für Eltern und Kinder 24
7. Gemeinsamkeit: Ohne Miteinander läuft nichts 26
8. Freunde erziehen mit 27
9. Gutes Benehmen ist lernbar – für jedes Kind 28
10. Was Hänschen nicht lernt ... 30
11. Geduld & Ausdauer: Nur nicht aufgeben! 31

1 x 1 DER KOMMUNIKATION 32

Gar nicht so schwer: den richtigen Ton treffen 33

Die Begrüßung 35

Die Verabschiedung 41

Von Gespräch bis Sprache 45

Briefe, Faxe, E-Mails, SMS: Allerlei Geschriebenes 51

Der gute Ton am Telefon 53

Kann viel retten: die Entschuldigung 55

Die Zauberwörter »Bitte« und »Danke« 56

INHALT

TISCHSITTEN – MEHR ALS ESSEN UND TRINKEN   58

Keine Frage des Geschmacks: Tischsitten   60

Tischmanieren: die Kunst, appetitlich zu essen   69

Der gedeckte Tisch   74

Kinder bei Tisch, stumm wie ein Fisch?   75

Essen im Restaurant   76

Wie esse ich was?   78

RUND UMS EINLADEN   84

Gastfreundschaft im Alltag üben   85

Der Kindergeburtstag   88

Familienfeste   95

KLEIDUNG CONTRA KLAMOTTEN   96

Nur nicht auffallen   97

Gibt's das noch: anständig angezogen?   99

Was dürfen Kinder wann?   101

DRAUSSEN IN DER WEITEN WELT   102

Höflich sein heißt Rücksicht nehmen   103

Wo Kinder in Gruppen auftreten   107

ZUSAMMEN ZU HAUSE   112

Ordnung ist das halbe Leben   113

Was schon die Kleinsten können   114

Das Kinderzimmer als Trutzburg des Chaos?   115

Bezahlte oder freiwillige Hilfe?   117

Vertrauen verpflichtet   118

KINDER-KNIGGE-QUIZ   119

REGISTER   127

IMPRESSUM   128

Vorwort

Ein rauer Umgangston, Rücksichtslosigkeit im Alltag und Respektlosigkeit gegenüber dem anderen machen das Miteinander-Leben in vielen Familien zum Dauerstress. Und mehr und mehr Eltern haben ganz insgeheim das Gefühl: Etwas läuft falsch in unserer Erziehung! Kinder sind immer öfter außer Rand und Band – und Eltern total erschöpft und gerädert. 80 Prozent aller Eltern nannten in einer repräsentativen Umfrage des Allensbacher Instituts »Gutes Benehmen« als Erziehungsziel Nummer 1. Das kann und soll nicht die Rückkehr zur schwarzen Pädagogik früherer Zeiten bedeuten. Aber wir müssen uns bewusst mit den Regeln des Zusammenlebens auseinander setzen, eigene Standards entwickeln und sie unseren Kindern vermitteln. Das schafft Freiräume in der Familie, macht das Miteinander leichter und gibt den Kindern Sicherheit fürs Leben. Denn der kleine Haustyrann ohne Grenzen findet im Kindergarten vielleicht keine Freunde, gerät in der Schule mit Lehrern und Mitschülern aneinander, fällt bei der großen Einladung unangenehm auf und ist schließlich später auch beim ersten Vorstellungsgespräch überfordert.

Gutes Benehmen muss gelernt werden

Selbst mit kleineren Kindern können Sie nicht immer mit dem Verständnis und der Nachsicht aller anderen rechnen: Schließlich wächst der Anteil der Kinderlosen und Alten in unserer Gesellschaft. Und gerade diese Menschen haben nicht immer ausreichend gute Nerven für unsere süßen Kleinen. Wenn sich Ihr

Kind in der Gesellschaft frei und sicher bewegen und auf Sympathie und Hilfsbereitschaft stoßen soll, dann muss es das Know-how dafür bekommen. Und Sie können es ihm mitgeben. Aber in welchem Maße? Und mit welchen Schwerpunkten? Welche Regeln geben noch Sinn, welche Umgangsformen sind heute aktuell – und ist es mit ein paar Äußerlichkeiten getan?

Der Schlüssel zum Erfolg: liebevolle Konsequenz

Dieses Buch kann und will kein Rundum-Erziehungsratgeber sein, sondern soll sich auf das Thema »Gutes Benehmen« im weitesten Sinn beziehen. Ich möchte Ihnen helfen, von Anfang an in Erziehungsfragen die richtigen Entscheidungen zu treffen und Ihr Kind zu einem liebenswürdigen Menschen zu erziehen. Es auf ein erfülltes Leben mit ihm in der Gesellschaft vorzubereiten. Und Ihr gemeinsames Leben zu einer schönen Zeit zu machen. Das klingt so einfach, ist aber richtig schwierig: Wir haben drei Söhne, und uns ist bei weitem nicht alles gelungen, was ich in diesem Buch geschrieben habe. Ja, manches habe ich vor allem deshalb geschrieben, weil ich Versäumnisse und Fehler erkannt habe – die ich Ihnen gern ersparen würde. Doch abgesehen von allen Ratschlägen, Tipps und Regeln: Ihr Kind braucht vor allem Ihre Liebe. Denn ohne diese Liebe sind letztendlich alle Erziehungsbemühungen vergebens.

Dagmar v. Cramm

ERZIEHUNGSZIEL: GUTES BENEHMEN

WIE VIEL HÖFLICHKEIT SOLL'S SEIN?

Gut erzogen sein – was heißt das eigentlich? Sicher nicht »gut dressiert« zu sein, wie das früher üblich war. Denn das heißt lediglich, dass ein bestimmtes Verhalten rigoros »eingeübt« wird. Um dann ganz ohne innere Beteiligung unter Druck ausgeführt zu werden. Ich glaube, gerade diese Art von Dressur hat in den letzten Jahrzehnten die Erziehung zum guten Benehmen in Verruf gebracht. Aber tatsächlich kommt so etwas heute ja nur noch sehr selten vor.

Je früher Sie Ihrem Kind gutes Benehmen vermitteln, desto selbstverständlicher wird es damit umgehen.

Jeder von uns erlebt inzwischen wohl viel häufiger die Auswirkungen fehlender Erziehung: Kinder, die ein Restaurant mit einem Bolzplatz verwechseln, sich rücksichtslos ihren Weg in Bus oder Straßenbahn freiboxen, sich noch als Schulkinder mit Schreikrämpfen an der Kasse die Erfüllung ihrer Wünsche erfolgreich ertrotzen – oder einfach nur Kinder, die die Worte »Bitte« und »Danke« nicht zu kennen scheinen. Was man bei den Kleinen noch entschuldigt und milde betrachtet, schätzt man bei großen Kindern und Jugendlichen ganz und gar nicht – und niedlich ist das dann mit Sicherheit auch nicht mehr.

Wie viel Höflichkeit soll's sein?

Wenn ein Freund meiner Söhne mich begrüßt, sobald ich ins Zimmer komme, dann freue ich mich. Wenn er mir dabei auch noch die Hand gibt, aufsteht und mir in die Augen blickt, dann weiß ich: Dieses Kind ist gut erzogen. Es kennt die Regeln des höflichen Umgangs miteinander – und kann sie selbstständig umsetzen. Darüber hinaus vermittelt mir ein Jugendlicher mit solchem Verhalten, dass er selbstbewusst und sicher ist. Das ist für ihn und mich angenehm und entlastend. Ich reagiere positiv – und das macht unsere Begegnung zu einer guten Erfahrung.

Umgangsformen – wie ernst soll man sie nehmen?

ERZIEHUNGSZIEL: GUTES BENEHMEN

Nur wer die »Spielregeln« kennt, kann gewinnen.

Gutes Benehmen hat ganz praktische Vorteile: Wenn Eltern und Kinder sich an bestimmte Regeln halten, ist der Alltag einfach angenehmer.

Ganz nebenbei wird das dieses höfliche Verhalten bestärken.

Wenn dagegen ein Jugendlicher »cool« sitzen bleibt, mich übersieht und auf Nachfrage etwas Unverständliches vor sich hin murmelt, dann bin ich entweder ungehalten oder ziehe mich zurück. Sicher kann dieses Kind nett und anständig sein – aber ein gutes Benehmen hat es nicht. Und es wird sicher merken, dass es auf wenig Begeisterung stößt. Das tut auch seinem Selbstbewusstsein nicht gut. Und kann zum Teufelskreis werden, denn die negative Reaktion bezieht es auf sich als Person – nicht auf sein Benehmen. Wenn ein Jugendlicher offensichtlich nicht weiß, wie man »richtig« begrüßt, helfen Sie ihm. Etwa, indem Sie sagen: »Übrigens, Tom, ich fände es netter, wenn du zur Begrüßung aufstehst. Dann kann ich dich auch besser verstehen und muss nicht nachfragen…« Immerhin weiß Tom dann, woran es gefehlt hat, und macht's beim nächsten Mal hoffentlich besser.

Warum ist Eltern »Benimm« so wichtig?

Wenn gutes Benehmen wirklich das Erziehungsziel Nummer 1 für viele Eltern bei uns ist – was ist dann der Grund dafür? Gibt es nicht viel wichtigere Ziele wie Durchsetzungsvermögen, Gemeinschaftssinn, Fleiß, Disziplin, Ordnungsliebe, Liebesfähigkeit oder Selbstbewusstsein? Vielleicht kommen wir der Erklärung näher, wenn wir uns einmal anschauen, was gutes Benehmen für mich und mein Kind eigentlich bedeutet. Denn im Grunde spielen alle die genannten Dinge dabei eine Rolle.

Gutes Benehmen kann Lebenshilfe sein

Sicher hat jeder von uns schon Begrüßungssituationen wie die beschriebenen erlebt. Und hat dabei nicht das Kind, das Ihnen mit natürlicher Offenheit und Freundlichkeit entgegenkam – ohne »dressiert« zu sein –, Ihre Sympathie gewonnen? Genau das wünschen wir ja unseren Kindern auch. Wir möchten, dass sie von ihren Mitmenschen gemocht werden, beliebt und vom Wohlwollen der anderen umgeben sind. Dass sie auf Hilfsbereitschaft und Freundlichkeit stoßen. Gutes Benehmen ist die beste Voraussetzung dafür – und wird Ihrem Kind im Leben weiterhelfen.

Eine Investition in die Zukunft Ihres Kindes

Wer in einem Spiel mitspielt und die Regeln nicht kennt, ist verunsichert, macht Fehler und verliert womöglich am Ende. Das möchte ich meinen Kindern ersparen. Außerdem ist sicheres Auftreten heute schon in der Schule, bei Praktika und später bei Bewerbungsgesprächen wichtig. Manche Personalchefs gehen mit den Kandidaten um einen begehrten Job essen, um ihre Tischmanieren zu testen. Der erste Eindruck öffnet in vielen Fällen die Tür – diesen Pluspunkt möchte ich meinem Kind auf keinen Fall vorenthalten.

Gutes Benehmen macht mich stolz auf mein Kind

Natürlich bin ich stolz auf mein Kind, kenne seine guten Seiten und Anlagen. Und ich wünsche mir, dass die Umwelt diese Qualitäten auch bemerkt, dass sich mein Kind auch anderswo im besten Licht zeigt, dass es von anderen gelobt wird. Sicher spielt dabei auch persönliche Eitelkeit eine Rolle: Ich erinnere mich an einen Elternsprechtag mit so positiven Kommentaren, dass ich

> **Oft stehen Eltern mehr oder weniger hilflos dem Verhalten ihrer Kinder gegenüber: Sie geben nach, statt Grenzen zu ziehen. Damit erkauft man sich jedoch nur kurzfristig einen trügerischen Frieden. Wirkungsvoller – wenn auch anstrengender – ist Konsequenz und Geduld.**

förmlich nach Hause schwebte als Mutter eines so wunderbaren Kindes ... Und an die große Zahl der Sprechtage, wo ich geknickt nach Hause schlich und mich wie ein Versager fühlte – berufstätige Rabenmutter, die ich bin.

Mit anderen Worten: Ich möchte gern stolz auf mein Kind sein. Das bestätigt mich als Mutter oder Vater und stärkt so auch die Eltern-Kind-Beziehung.

Für ein leichteres Miteinander

> Das Leben ist ein Langstreckenlauf, und das Lernen von Höflichkeit, Rücksichtnahme und gutem Benehmen zieht sich durch den ganzen Zeitraum des Heranwachsens. Rückschläge und Krisen sind normal und müssen ertragen und überwunden werden.

In einer Familie leben mindestens zwei Generationen eng miteinander zusammen – in der Regel mit ganz verschiedenen Interessen und Vorstellungen. Das kann ganz schön viel Zündstoff geben. Konflikte entstehen dabei meist durch Kleinigkeiten: Türenknallen beim Mittagsschlaf, ein ständig belegtes Telefon, schmutzige Socken auf dem Küchentisch, Schlammspuren auf dem Teppich nach dem Fußballspiel oder patzige Antworten. Auf Elternseite entsprechen dem das Zeitunglesen am Frühstückstisch, bissige Kommentare oder das Anschreien. Läuft das Zusammenleben in zivilisierten Bahnen, sind Konflikte leichter zu lösen. Gutes Benehmen ist die »Schmiere«, die den Familienmotor besser laufen lässt.

Was spricht gegen gutes Benehmen?

Die heutige Elterngeneration hat in ihrer Jugend heftig gegen verkrustete Strukturen gekämpft, alte Zöpfe abgeschnitten und für mehr persönliche Freiheit und Ehrlichkeit im Umgang miteinander plädiert. Entsprechend viele Vorurteile gibt es deshalb heute gegen das Erziehungsziel »Gutes Benehmen«. Doch sind sie wirklich berechtigt?

WAS SPRICHT GEGEN GUTES BENEHMEN?

SETZEN SIE SICH NICHT UNTER DRUCK
Gutes Benehmen ist wie eine Art »Richterskala« nach oben offen: Wer weiß, wie es ganz oben – also perfekt – gehandhabt wird, kann sein Verhalten der jeweiligen Situation, dem persönlichen Temperament und seinem individuellen Stil anpassen. In diesem Buch werden Sie deshalb immer auch Erklärungen finden, warum was wie gehandhabt wird. Und wir reden immer über ein Ideal, das Sie und Ihr Kind sicher nicht täglich erreichen können und müssen – und das auch nicht in jeder Lebenslage erreicht werden soll.

Ist Höflichkeit gleich Heuchelei?

Natürlich soll man sein Kind nicht zum Lügen erziehen. Aber höflich zu sein heißt ja auch nicht, zu lügen. Es bedeutet höchstens, einige Dinge lieber für sich zu behalten. Und wer verträgt schon täglich die vollständige Wahrheit? Außerdem ist es oft einfach überflüssig, Dinge auszusprechen, die anderen nur wehtun – ohne dass dieses Aussprechen etwas bringt.

Höflichkeit meint darüber hinaus vor allem die Art und Weise, wie ich etwas sage. Schließlich entsteht die ideale Höflichkeit aus einer Herzensgüte, die den anderen wahrnimmt und berücksichtigt. Die aber muss auch gelernt werden. Die reine, leere Form tut's nämlich nicht.

Geben Sie sich in der Höflichkeitserziehung Ihrer Kinder auch mit kleinen Fortschritten zufrieden!

»Äußerlichkeiten« oder hilfreicher Rahmen?

Individualität kann man nur entwickeln, wenn ein bestimmter Rahmen und Halt gegeben ist – und genau das sollte gutes Benehmen schließlich sein. Bedenken Sie außerdem: Schlechtes

ERZIEHUNGSZIEL: GUTES BENEHMEN

Benehmen nimmt den anderen – etwa Eltern und Geschwistern – Entfaltungsmöglichkeit. Rücksichtslosigkeit ist eine besonders negative Form von schlechtem Benehmen und auch eine Art der Unterdrückung.

Gutes Benehmen sollte mehr vorgelebt als vorgebetet werden.

Überfordert gutes Benehmen unsere Kinder?

Heute erwartet keiner von einem Kind, dass es das spanische Hofzeremoniell beherrscht. Wir schnüren unsere Mädchen auch nicht ins Korsett oder zwingen Knaben zum Handkuss. Für jedes Alter gibt es eine angemessene Form der Höflichkeit und Rücksichtnahme. Und die fördert Kinder eher, als sie zu überfordern. Das appetitliche Essen mit Messer und Gabel, eine gute (und gesunde) Haltung beim Sitzen oder deutliches Artikulieren beim Sprechen sind Fähigkeiten, die Ihr Kind in seiner Entwicklung weiterbringen.

Ob Schulklasse, Clique, Arbeitsabteilung oder Familie: Jede Gruppe hat ihre ganz bestimmten Regeln.

Fördert gutes Benehmen Oberflächlichkeit?

Höflichkeit sollte grundsätzlich nicht nur eine leere Geste sein – sondern von Herzen kommen. Gutes Benehmen ist also nicht mit fehlendem Einfühlungsvermögen und Oberflächlichkeit gleichzusetzen – und schlechtes Benehmen ist sicher kein Zeichen für seelischen Tiefgang. Schließlich ist das Benehmen immer auch nur die äußere Form. Und je »zivilisierter« diese ist, desto weniger Konflikte und zwischenmenschliche Probleme gibt es. So bleibt mehr Kraft und Zeit für das Wesentliche.

Gutes Benehmen – nur was für »bessere« Leute?

Sicher ist »eine gute Kinderstube« immer noch eine Art Eintrittskarte in die gute Gesellschaft, und deswegen sollten wir sie unseren Kindern für den Fall des Falles mitgeben. Auch Eltern, die selbst manches zu Hause nicht gelernt haben, lernen ja dazu und können ihren Kindern das vermitteln. Meine Utopie einer gerechteren, offenen Gesellschaft ist, dass sich alle Menschen möglichst gut benehmen – und nicht alle gleich schlecht.

Wenn Sie als Eltern sich schließlich resigniert auf das Niveau Ihres provozierenden Kindes begeben, verlieren Sie viel an Glaubwürdigkeit.

Gibt es überhaupt noch »Umgangsformen«?

Im Mittelalter war jedes Detail des Umgangs in den einzelnen Gesellschaftsschichten streng geregelt – ein sehr enges Korsett, das einen starken Zwang ausübte, aber innerhalb der jeweiligen Gruppe auch viel Sicherheit gab. Diese Regeln veränderten sich über die Jahrhunderte bis heute. Manche Höflichkeitsregel hat ihren Ursprung in der alten Zeit – so geht beispielsweise der höfliche Herr links neben der Dame, um im Falle eines Angriffs sei-

ERZIEHUNGSZIEL: GUTES BENEHMEN

nen Degen zu ihrer Verteidigung ziehen zu können. Oder: Die linke Hand liegt beim Essen auf dem Tisch, damit sie nicht etwa zum versteckten Dolche greifen kann. Damen dürfen in Kirchen und geschlossenen Räumen ihre Kopfbedeckung aufbehalten, weil das der alten Regel weiblicher Bescheidenheit vom »Sich-Bedecken« entspricht – dass die Mode mit ihren abenteuerlichen Hutkreationen das Gegenteil erreichte, ist ein Witz der Geschichte.

Heute sind die Gesellschaftsschichten nicht mehr so strikt voneinander getrennt – sie sind viel durchlässiger geworden. Trotzdem gibt es natürlich Kreise wie den Adel, der in seinem Verhalten sehr konservativ und standesbewusst ist. »Noblesse oblige« – Adel verpflichtet – ist ein geflügeltes Wort. Von Mitgliedern adeliger Kreise wird deswegen in der Regel auch vorbildliches Benehmen erwartet.

> Gutes Benehmen, das wie selbstverständlich an den Tag gelegt wird und nicht aufgesetzt wirkt, ist nie fehl am Platz.

Es gibt viele Gruppen in der Gesellschaft, in denen ganz bestimmte Regeln gepflegt werden – von Rockern bis Rappern. Diese Regeln haben den Sinn, die jeweilige Gruppe vom Rest der Gesellschaft abzuheben und das Gemeinschaftsgefühl innerhalb der Gruppe zu stärken. Doch darüber hinaus gibt es auch gesamtgesellschaftliche Umgangsformen, die von den meisten Gruppen akzeptiert werden. Sie verändern sich nur langsam und folgen in ihrer Entwicklung gesellschaftlichen Veränderungen. So ist die Anrede »Fräulein« in den letzten 50 Jahren fast völlig verschwunden, weil sich die Rolle der Frau geändert hat.

Ein anderes Beispiel: Der Vorname in Kombination mit der Anrede »Sie« gehört in großen Konzernen zum guten Ton – diese Form entstand in den letzten Jahren vor allem, weil die englische Sprache sich im beruflichen Bereich international mehr und mehr durchsetzt.

Warum Erziehung heute so schwer fällt

Ich weiß natürlich nicht, wie schwer Erziehung den Eltern vor 50 oder 150 Jahren tatsächlich gefallen ist. Heute finde ich es jedenfalls ganz schön anstrengend. Denn mit der zunehmenden Individualisierung der Gesellschaft wird Erziehung zu einer persönlichen Angelegenheit zwischen meinem Kind und mir. Früher zogen alle, die irgendetwas in der Erziehung eines Kindes zu sagen hatten, nämlich Eltern, Großeltern, Paten, Kirche, Schule, Lehrherren, eher an einem Strang.

Vielfalt macht das Leben schöner – und komplizierter

Heute gibt es diese Einigkeit, die für Einzelne sicher auch bedrängend und von großer Härte sein konnte, nicht mehr. Im Gegenteil: Fast jede gesellschaftlich relevante Gruppe hat andere Ansichten über Erziehung und Erziehungsziele.
Regelrechte »Erziehungsmoden« kommen und gehen. Die Medien spielen im Leben unserer Kinder eine immer größere Rolle und setzen wieder ganz eigene Maßstäbe. Gleichzeitig spielen die Freunde, die Clique immer früher eine entscheidende Rolle. Gleichberechtigung innerhalb der Familie macht Diskussionen nötig: Mit jedem einzelnen Kind müssen Regeln ausgehandelt, Kompromisse geschlossen und am Ende manchmal auch Dinge, die gegen den Willen des Kindes gehen, durchgesetzt werden. Das erfordert sehr viel Kraft und Ausdauer. Erziehung ist heute härtere Arbeit denn je. Aber zu wenig Erziehung macht das Leben weit anstrengender. Es lohnt sich, Energie in die Kindererziehung zu stecken.

> **Sie erkaufen sich durch Nachlässigkeit und Schwäche vielleicht kurzfristig ein bisschen Frieden. Auf die Dauer wird das Leben mit einem unerzogenen Kind aber mühselig, manchmal unerträglich.**

11 BASICS FÜR ELTERN

Im Alltag gehen die hehren Erziehungsziele oft kläglich baden. Wir Eltern sind häufig so belastet, dass wir uns nach dem Motto »Überleben ist alles« durchmogeln. Das ist verständlich und auch nicht tragisch – nobody is perfect. Zu viel Perfektion und Selbstkontrolle schafft außerdem eine Distanz in der Beziehung zwischen Eltern und Kindern. Aber zu viel Improvisation kann dem großen Ganzen auch schaden und die Eltern-Kind-Beziehung empfindlich belasten, schlimmstenfalls sogar zerstören. Deshalb ist es sehr wichtig, sich ab und zu grundsätzlich mit Erziehung und Familienleben überhaupt auseinander zu setzen: Blicken Sie einfach mal auf den gemeinsamen Alltag, bestimmen Sie den Ist-Zustand und vergleichen Sie ihn mit dem Soll-Zustand; versuchen Sie dabei, ganz selbstkritisch zu sein! Gut, wenn man bei diesen Gesprächen als Eltern zu zweit ist. Alleinerziehende werden entweder den anderen Elternteil oder andere wichtige Bezugspersonen als Spiegel brauchen. Denn in der engen Beziehung zum Kind wird man selbst schnell »betriebsblind«. Voraussetzung für diesen »Erziehungscheck« ist, dass Sie sich ausführlich über Erziehungsziele und -möglichkeiten Gedanken machen. Den Einstieg dazu möchte ich Ihnen mit den folgenden »11 Basics« für Eltern erleichtern.

Als unbeteiligter Zuhörer nimmt man erst wahr, wie der Umgangston auf andere wirkt: Sind Sie nicht manchmal schockiert, wie Kinder mit ihren Eltern sprechen – und Eltern mit Kindern umgehen? Beispielsweise samstags beim Familieneinkauf?

1. Erziehungsziele: Was wollen Sie erreichen?

Vielleicht kennen Sie die Fernsehserie »Eine schrecklich nette Familie« – und möglicherweise kennen Sie auch Familien, in denen es ähnlich zugeht. Oder es gab familiäre Gepflogenheiten in Ihrer eigenen Kindheit, die Sie im Nachhinein nicht so gelungen finden. Oder Ihre Schwiegerfamilie hat Eigenheiten, die

Höflich, freundlich, lässig oder rau: Sie entscheiden mit Hilfe von Regeln und Ritualen, wie das »Klima« in Ihrer Familie ist.

Ihnen gegen den Strich gehen. Kurz: Es ist gar nicht so schwierig festzustellen, was man nicht mag. Und gerade bei anderen fällt uns Unangenehmes schnell auf.

In einer Familie prallen sehr unterschiedliche Traditionen und Vorstellungen aufeinander. Daraus muss etwas ganz Neues geschaffen werden.

Also: Wie Sie es bei sich zu Hause nicht haben möchten, das wissen Sie wahrscheinlich. Doch das reicht nicht für eigene Erziehungsziele. Sie brauchen vor allem positive Vorstellungen, wie es bei Ihnen sein sollte. Sprechen Sie mit Ihrem Partner, mit Ihrer Partnerin darüber, wie Sie sich den gemeinsamen Alltag wünschen. Welche Ideale Sie im Umgang miteinander haben. Wie Sie angesprochen werden möchten und in welchem Ton. Wie viel Zeit Sie gemeinsam verbringen möchten. Wie die Mahlzeiten aussehen sollten, das Zu-Bett-Gehen, ob Sie als Familie Besuche machen und Gäste empfangen möchten.

Wenn Ihre Kinder schon etwas älter sind, sieht es anders aus – Sie beginnen ja nicht mehr bei Null. Ein Familienstil hat sich dann schon gebildet. In diesem Fall müssen Sie erst einmal eine Selbstbeobachtung starten und herausfinden, wie Sie miteinan-

Klären Sie strittige Erziehungsfragen möglichst nicht vor Ihren Kindern, sondern unter vier Augen. Einigkeit gibt Ihnen und Ihren Kindern Sicherheit.

der umgehen. Und dann vergleichen Sie diese Ist-Situation mit Ihren Idealvorstellungen. In diesen Prozess sollten der Partner und Kinder einbezogen werden. Denn Veränderungen müssen von der ganzen Familie getragen werden, sonst verlaufen sie im Sande. Eine solche Bestandsaufnahme ist in jeder Familie ab und zu fällig. Denn mit der Zeit schleift sich manches ein, Lebenssituationen verändern sich, Entwicklungsphasen der Kinder bestimmen nachhaltig das Familienleben und den Umgang miteinander. Selbst wenn Sie der Alltag auffrisst: Vergessen Sie Ihre Ziele nicht – arbeiten Sie daran.

2. Einigkeit macht stark

Sie haben Hausarrest verhängt – und müssen feststellen, dass Ihr Kind samt Vater auf den Rummelplatz gegangen ist. Sie wollen Vokabeln abhören, da raunt es um die Ecke: »Strebermutter!«, und Vater feixt. Der Vater ordnet eine Woche Fernsehverbot an – und Sie geben täglich Ausnahmegenehmigungen … Kommt Ihnen das bekannt vor? Der ganz normale Alltag in einer Familie. Aber auch ziemlich kontraproduktiv. Denn in puncto Erziehung sollten Eltern sich unbedingt einig sein.

Sprechen Sie deshalb regelmäßig über ihre Erziehungsziele und -methoden, über Grenzen und Strafen. Kinder versuchen ganz selbstverständlich, Eltern gegeneinander auszuspielen. Ich brachte das einmal gegenüber meinem damals zehnjährigen Ältesten zur Sprache und gab ihm zu bedenken, dass Einigkeit für Eltern sehr wichtig sei – die Kinder würden ja schließlich einmal das Haus verlassen, das Paar aber (hoffentlich) zusammenbleiben. Darauf kam die erstaunliche Reaktion: »Warum hast du mir das nicht gleich gesagt?«

Verteidigen Sie Ihren Partner, wenn seine Autorität und Anweisungen in Frage gestellt werden. Andernfalls sägen Sie nämlich an dem Ast, auf dem Sie selbst auch sitzen!

11 BASICS FÜR ELTERN

Mit anderen Worten: Kinder werden immer versuchen, einen Keil zwischen die Eltern zu treiben, um mehr Freiheit für sich dabei herauszuschlagen. Aber sie nehmen es überhaupt nicht übel, wenn man sich darauf nicht einlässt. Im Gegenteil: Sie finden es letztendlich sehr entlastend, wenn Eltern sich gut verstehen und sich einig sind. Fallen Sie sich also nicht in den Rücken, um das Wohlwollen Ihres Kindes zu erringen oder dem Partner eins auszuwischen. Schließen Sie ausnahmsweise sogar einmal der Einigkeit halber Kompromisse, auch wenn Sie unterschiedliche Ansichten haben.

Regeln dürfen nicht zur Crux für die Familie werden. Ältere Kinder brauchen flexiblere Regelungen – und begründete Ausnahmen sollten immer möglich sein. Schließlich ist der Rahmen für die Menschen da – und nicht umgekehrt.

3. Rahmen, Riten, Regeln: Entlastung im Alltag

Haben Sie schon einmal versucht, ein ganzes Wochenende mit der Familie zu verbringen? Dann ist Ihnen vielleicht bewusst geworden, dass das viel komplizierter ist als der Tagesablauf

AUS DEM RAHMEN GEFALLEN ...
Wie angenehm feste Regeln sind, wurde mir bewusst, als unser jüngster Sohn auf einmal in die Domsingschule ging. Unser traditioneller Heiligabend geriet aus den Fugen, weil nicht mehr die Christmette um 17 Uhr besucht werden konnte, sondern wir in die Mitternachtsmesse im Münster gingen, wo er sang. Aber wann sollte dann die Bescherung sein? Vor der Kirche? Und wer ging überhaupt mit? Für die kleine Nichte und die Großeltern war das eigentlich zu spät ... endlose Diskussionen, kein Konsens. Am Ende allgemeine Unzufriedenheit. Ein langsam gewachsener, von allen akzeptierter Rahmen war weggefallen.

während der Woche. Denn da hat der Alltag seinen festen Rahmen, der das Zusammenleben in der Familie erleichtert und Gemeinsamkeiten schafft.

Gemeinsame Mahlzeiten sind ein solcher Rahmen. Sie sind die Voraussetzung für Kommunikation. Und ersparen Ihnen Missverständnisse, endlose Notizen, Telefonanrufe, tägliche Diskussionen. Auch die liebevolle Begrüßung und Verabschiedung halten eine Familie zusammen, geben Wärme und Zugehörigkeitsgefühl – und sorgen schlicht dafür, dass jeder vom anderen weiß, wo er ist, was er vorhat, wann man sich wieder sieht.

Auch wer morgens wann ins Bad geht, das wird besser nicht dem Zufall überlassen, sondern hat seine Regeln. Sonst gibt es Chaos. Ob Vorlesen, Singen, Beten oder einfach noch ein wenig am Bett sitzen und erzählen – ein immer wiederkehrender Ritus beim Zu-Bett-Bringen gibt Kindern Sicherheit und Geborgenheit. Und erleichtert die »Abendprozedur« erheblich, da nicht täglich neu mit den Kindern über den Ablauf diskutiert werden muss. Kurz: Täglich wiederkehrende Vorgänge in eine feste Form zu bringen und diese auch über längere Zeit beizubehalten entlastet und schafft Wärme und Geborgenheit.

Nur wenn wir bereit sind, unser eigenes Verhalten immer wieder zu überprüfen, können wir unsere Kinder glaubwürdig erziehen.

4. Vorbild sein: Selbsterziehung hört nie auf

Unangenehm, aber wahr: Was wir sagen, geht bei unseren Kindern sehr oft zum einen Ohr hinein und zum anderen hinaus. Aber das, was wir tatsächlich tun, hat sehr viel durchschlagendere Wirkung. Vor allem unsere Unarten ahmen unsere Kinder mit Begeisterung nach. Gerade beim Benehmen verfangen

Argumente wie: »Wenn du groß bist, dann darfst du dich ins Sofa lümmeln wie Papi« oder: »Wenn man weiß, wie's gemacht wird, darf man sich auch Ausrutscher erlauben« nicht so richtig. Im Gegenteil: Sie werden zum Bumerang. Denn die »Großen« sollten ja erst recht wissen, was man wie tut. Kinder haben ein sehr genaues Gespür dafür, wenn mit zweierlei Maß gemessen wird. Und sie beobachten uns Erwachsene ganz genau. Wenn Sie also von Ihren Kindern gutes Benehmen erwarten, dann machen Sie es ihnen vor: Wenn Sie zum Beispiel nicht wollen, dass Ihre Kinder anderen beim Gespräch dauernd ins Wort fahren, dann gehen Sie auch selbst mit gutem Beispiel voran und lassen Ihre Kinder oder Ihren Partner stets ausreden. Vor allem: Leben Sie als Eltern beide die gleichen Dinge vor, da sonst die Erziehungsbemühungen des einen durch das Benehmen des anderen ausgehebelt werden.

Bemühen Sie sich gemeinsam mit Ihren Kindern um gutes Benehmen – das tut dem Familienleben gut. Dieses Buch will Ihnen dabei helfen.

Nicht jede Mutter und nicht jeder Vater hat von zu Hause das Rüstzeug dafür mitbekommen. Doch gutes Benehmen lässt sich lernen. Das ist im Rahmen des beruflichen Aufstiegs heute oft auch notwendig. Wenn sich dabei ein tieferes Verständnis von Sinn und Zweck der Formen, wenn sich echtes Taktgefühl entwickelt und es nicht bei aufgesetzten Äußerlichkeiten bleibt, dann haben Ihre Kinder die besten Voraussetzungen, die gesellschaftlichen Spielregeln ganz selbstverständlich zu lernen. Doch wer an der heimischen Haustür die Manieren fallen lässt und zu Hause die Sau rauslässt, muss sich über unerzogenen Nachwuchs nicht wundern. Wer in den eigenen vier Wänden mit seinem Partner nicht ebenso respektvoll umgeht wie auf einer Einladung, wird von seinen Kindern auch keinen Respekt erfahren. Der Alltag prägt Erziehung nämlich viel nachhaltiger als die seltenen Festtage.

5. Konsequenz ist der Schlüssel zum Erfolg

Wenn wir diesen Punkt abgehakt haben, sind die härtesten Anforderungen für uns Eltern vom Tisch. Denn neben der Vorbildfunktion kostet das Durchhalten der von uns selbst aufgestellten Regeln die meiste Kraft. Haben Sie nicht schon einmal Ihr Kind mit Fernseh- oder Computerverbot bestraft – und dann selbst am meisten unter dem Verbot gelitten? Weil Sie nämlich nicht mal mehr in Ruhe Ihre Zeitung lesen konnten, da sich Ihr Kind nölig und gelangweilt an Ihre Fersen heftete? Und hat ein Kinoverbot Sie nicht selbst schon mal hart getroffen, weil Sie sich so darauf gefreut haben, mit dem Nachwuchs gemeinsam einen bestimmten Film anzusehen?

Für die Regeln des Benehmens gilt Ähnliches: Wenn Sie je nach Tagesform schnoddrige Antworten, katastrophale Tischmanieren oder den stillen Boykott der gemeinsamen Mahlzeiten mal abmahnen, ein anderes Mal aber einfach hinnehmen, wird Benehmen bei Ihrem Kind eher Glückssache werden. Und der Stil in der Familie wird in der Folge stark von der Laune des Nachwuchses abhängen.

Natürlich kostet es eine Menge Kraft, immer wieder auf bekannte Regeln hinzuweisen und darauf zu achten, dass sie eingehalten werden. Doch wenn Sie das nicht bewältigen, können Sie sich diese Regeln im Grunde gleich völlig sparen.

Das bedeutet andererseits aber auch, dass Regeln gründlich überlegt damit Sie voll und ganz dahinterstehen können und nicht im Erziehungsalltag Ihre eigenen Vorgaben in Frage stellen müssen.

Im besten Fall gilt: Gutes Benehmen ist nicht von guter

Regeln helfen, auch kritische Zeiten im Familienalltag besser zu überstehen. Wie schon der Kater Maurizio de Mauro alias Moritz in Michael Endes »Wunschpunsch« sagt: Auch im Elend wahren wir die Form ...

Eltern müssen wichtige Entscheidungen fällen, das entlastet auch die Kinder – denn wer entscheidet, der trägt auch die Verantwortung für die Konsequenzen. Und damit wären selbst die entscheidungsfreudigsten Kinder überfordert.

Stimmung und bester Verfassung abhängig. Es erfordert Disziplin und Durchhaltevermögen. Dann aber kann es auch in schlechten Zeiten ein stützendes Korsett sein, das die Situation in der Familie erleichtert.

6. Rechte und Pflichten für Eltern und Kinder

Die Zeiten, als für Kinderrechte in Familien gestritten werden musste, sind vorbei. So langsam müssen wir uns für Elternrechte einsetzen! Ich möchte an dieser Stelle ganz deutlich Auswüchse wie Gewalt gegen Kinder aussparen – das ist nicht das Thema dieses Buches. Nein, es geht mir darum, wer letzten Endes entscheidet, was wann wie auf den Tisch kommt, wo der Urlaub verbracht wird, wer eingeladen wird und wen man besucht, was die Familie am Wochenende unternimmt und auch – welche Be-

Gemeinsame Pflichten können zum angenehmen Ritual werden – und geben Gelegenheit zum Reden, Lachen und besseren Miteinander.

6. RECHTE UND PFLICHTEN FÜR ELTERN UND KINDER

nimmregeln zu Hause gelten. In fast allen diesen Punkten werden Eltern und Kinder unterschiedliche Standpunkte haben. Ideal, wenn es einen Kompromiss gibt, mit dem alle leben können und bei dem jeder einmal zum Zuge kommt. Doch in letzter Konsequenz müssen die Eltern die Entscheidung treffen: Sie tragen rein rechtlich die Verantwortung für die Kinder. Und auch die Hauptlast der Pflichten. Sie haben mehr Weitblick und mehr Lebenserfahrung als die Kinder. Dazu gehört natürlich auch, Entscheidungen zu begründen und mit den Kindern zu besprechen. Doch Eltern sollten den Mut haben, unpopuläre, aber notwendige Maßnahmen konsequent durchzusetzen, auch wenn Kinder nicht damit einverstanden sind und keine Einsicht zeigen. Noch ein Tipp: Vermeiden Sie Sprüche wie: »Wer zahlt, bestimmt« oder: »Solange du deine Füße unter meinen Tisch stellst …«. So einfach sind die Verhältnisse nämlich nicht mehr. Und diese Art von Argumentation haben Sie gar nicht nötig.

Wer Rechte hat, der hat auch Pflichten. Eltern hatten und haben immer noch die Pflicht, für ihre Kinder zu sorgen – in jeder Hinsicht. Das fängt beim Essen an und hört bei der Erziehung noch lange nicht auf. Aber hat das Pflichtbewusstsein der Kinder mit ihren wachsenden Rechten Schritt gehalten? Ich fürchte, nicht ganz. Ich möchte deshalb Eltern ermutigen, ihren Kindern auch wieder mehr Pflichten abzuverlangen. Das fängt mit Pünktlichkeit zu den gemeinsamen Mahlzeiten an und geht bis zur Beteiligung an der Hausarbeit. Zu den Pflichten gehört auch das Dankesschreiben an die Patentante, der Anruf bei den Großeltern und die Teilnahme an Familienfesten. Denn auch im Familienleben gehören Geben und Nehmen zusammen, und mit der Verantwortung, die Sie Ihren Kindern übergeben, schenken Sie ihnen auch ein Stück Eigenständigkeit.

Sorgen Sie für gemeinsame Erlebnisse. Nicht zuletzt bieten Familienunternehmungen auch auch reichlich Gelegenheit, um Höflichkeit, Benehmen und Rücksichtnahme zu trainieren.

7. Gemeinsamkeit: Ohne Miteinander läuft nichts

Bisher war die Rede vom Umgang miteinander, von Erziehungsprinzipien, Einstellungen, Grundsätzen. Doch alle diese Überlegungen bleiben bloße Theorie, wenn sie nicht gelebt werden. Das heißt: Eltern und Kind(er) müssen wirklich zusammenleben, Gemeinsamkeiten haben und schlicht Zeit miteinander verbringen.

Europäer hören meist schaudernd von amerikanischen Zuständen, wo Eltern ihre Kinder nur selten sehen, weil sie zwei Jobs haben und lange Strecken fahren müssen. Doch auch bei uns zeigt die Statistik, dass gemeinsame Mahlzeiten an Wochentagen immer seltener werden. Aber wo sollen Kinder dann Tischmanieren lernen? Wer soll ihnen beibringen, wie man einen Tisch deckt? Wie sollen sie lernen, ein guter Gastgeber zu sein, wenn die Familie nie gemeinsame Gäste hat? Wie soll Gesprächskultur entstehen, wenn es keine Gespräche bei einem gemeinsamen Mittag- oder Abendessen gibt?

Früher waren diese Gemeinsamkeiten automatisch da: Sonntag war Familientag, gegessen wurde gemeinsam, Mütter waren Hausfrauen, und Väter arbeiteten in der Nähe. Heute müssen Eltern Strukturen schaffen, die Gemeinsamkeit erlauben. Gemeinsame Mahlzeiten, Hobbys, an denen die ganze Familie teilhaben kann, ein Tagesablauf, der bewusst Zeit für Gemeinsamkeit lässt – all das sind wichtige Voraussetzungen. Das Schaffen eines gemeinsamen Freundes- und Bekanntenkreises, gemeinsame Unternehmungen und Feste sorgen für die Highlights im Familienleben. Denn die sind wichtig, wenn Familie als etwas Positives erlebt werden soll.

> **Eine »elitäre« Erziehung darf nicht zu Hochmut und Überheblichkeit führen. Sich besser benehmen heißt ja nicht, besser zu sein. Das müssen Sie Ihren Kindern ab und zu klar machen.**

8. Freunde erziehen mit

Die Peer Group ist die Gruppe der Gleichaltrigen, mit denen Ihr Kind befreundet ist, die Clique. Diese wird mit zunehmendem Alter der Kinder immer wichtiger. Sie entscheidet im Alter zwischen zehn und zwanzig, was »in« und was »out« ist. Während die Eltern bei den jüngeren Kindern meist noch das Sagen haben, drängt die Peer Group in dieser Altersgruppe den elterlichen Einfluss immer mehr zurück. Das ist ganz normal, hat aber gravierende Auswirkungen aufs Familienleben.

Wenn die Freunde Ihres Kindes schon mit vierzehn Jahren unbegrenzten Ausgang haben, wenn ihr Taschengeld astronomische Höhen erreicht und Mahlzeiten meist vor dem Kühlschrank stehend eingenommen werden, dann wird Ihr Kind das auch von Ihnen verlangen.

Kleiner wird das Problem, wenn die Freunde aus Elternhäusern kommen, die ähnliche Erziehungsziele und einen ähnlichen Lebensstil haben wie Sie selbst. Die Straße, in der Sie wohnen, der Kindergarten, in den Sie Ihr Kind schicken, die Schule, der Sportverein, der Urlaubsort – all das wird den Freundeskreis Ihres Kindes prägen. In einer demokratischen Gesellschaft ist es fast unschicklich, so etwas auszusprechen. Ich bin ein Gegner der Polarisierung unserer Gesellschaft und ein Verfechter der sozialen Gerechtigkeit. Aber wenn verschiedene Lebenswelten aufeinander stoßen, pendelt sich der Stil eher auf dem unteren Niveau ein. Versuchen Sie also, Ihren Erziehungsstil zu stärken, indem Sie für Verbündete sorgen. In seinem Freundeskreis wird

Ihr Kind wird immer wieder einmal gegen Regeln rebellieren. Mit allzu großer Nachsicht tun Sie jedoch weder ihm noch sich selbst langfristig einen Gefallen.

> Das Problem »zu wilde Kinder« scheint übrigens nicht neu zu sein, denn ein mecklenburgisches Sprichwort tröstet: »Raue Fohlen geben gute Pferde.«

Ihr Kind bestimmte Verhaltensregeln sehr viel schneller akzeptieren, als wenn es diese nur zu Hause erlebt. Auch die Erkenntnis, dass es in anderen Familien ähnlich zugeht wie im eigenen Elternhaus, stärkt Ihren Erziehungsstil. Die Clique kann Ihnen dann sogar ein Stück Erziehungsarbeit abnehmen. Im unserem Fall waren das zum Beispiel mit anderen Familien traditionell gemeinsam verlebte alljährliche Ferien. Und die regelmäßige Organisation einer Radtour, die zu einer starken, positiven Clique von Kindern und Jugendlichen führte und unseren Kindern viele neue Freundschaften der angenehmen Art bescherte. Bedenken Sie schon bei Ihren kleinen Kindern, in welche Freundeskreise sie hineinwachsen sollen, und helfen Sie mit, dass Ihre Kinder in einem Umfeld groß werden, das sie eher stark macht als schwächt.

9. Gutes Benehmen ist lernbar – für jedes Kind

Menschen sind unterschiedlich. Und so kann ich schon bei meinen eigenen Söhnen erkennen, dass »gutes Benehmen« je nach Temperament leichter oder schwerer fällt. Einem ruhigen, introvertierten Kind fällt es leichter, sich zurückzunehmen, als einem temperamentvollen. Und natürlich gibt es auch notorische Zappelphilippe, für die Stillsitzen eine Qual ist. Ein sehr sensibles Kind kann sich besser in andere hineinversetzen und ist so oft auch eher zur Rücksichtnahme bereit als ein unsensibler, selbstbezogener Draufgänger.

Ein zartes Kind wird wahrscheinlich lieber den Weg der Höflichkeit wählen als ein Kraftbolzen, der sich seinen Weg auch mit körperlichem Einsatz bahnen kann. Und einem hübschen

9. GUTES BENEHMEN IST LERNBAR – FÜR JEDES KIND

Kind fällt es oft leichter, offen auf seine Umwelt zuzugehen, weil es eine grundsätzlich positive Aufmerksamkeit genießt, die seine Höflichkeit eher verstärkt.

Das, was im Allgemeinen unter gutem Benehmen und Höflichkeit verstanden wird und was ich in diesem Buch propagiere, ist für jedes gesunde Kind zu lernen. Gerade so genannte »schwierige« Kinder können von einem Höflichkeitstraining in besonderem Maße profitieren. Denn sie geraten oft in einen Teufelskreis von Misserfolgen und negativem Verhalten. Da hilft es wenig, wenn Eltern alles entschuldigen und ihr Kind unausgesprochen für nicht erziehbar deklarieren. Oder meinen, es sei besonders spontan, temperamentvoll, originell und kreativ. Denn diese positiven Eigenschaften lassen sich sehr wohl mit den Anforderungen an ein gutes Benehmen verbinden.

Mit pauschalen Entschuldigungen machen Eltern es sich leicht – und ihrem Kind schwer. Ungebärdige, temperamentvolle Kinder brauchen sicher von den Eltern besonders viel Verständnis und Ermunterung, aber auch Grenzen. Und die Eltern dieser Kinder brauchen wiederum von ihrer Umgebung Rückhalt und Verstärkung. Gerade hier gilt: Wer aufgibt, macht sich und seinem Kind das Leben letzten Endes nur zusätzlich schwer. Strukturen, Regeln und Konsequenz geben nämlich gerade eigenwilligen Kindern den nötigen Halt, lenken ihre Energie in produktive Bahnen, schützen die übrige Familie vor Übergriffen und endlosen Kämpfen und trainieren den positiven Umgang mit anderen Menschen.

> **Wie alles andere ahmen kleine Kinder auch gute Umgangsformen gerne nach.**

> **Bei aller Konsequenz und Anstrengung: Verlernen Sie nie, auch immer wieder mal über sich selbst zu lachen...**

10. Was Hänschen nicht lernt ...

Kennen Sie diese süßen Kleinkinder, die ungehindert in den Salat patschen, der Oma auf den Fuß treten, andere Kinder an den Haaren ziehen, das Restaurant mit dem Kinderzimmer und die Kirche mit dem Spielplatz verwechseln – und das alles unter den strahlenden Augen der verzückten Mutter? Die auf Kritik nur entschuldigend meint: »Aber dazu ist er oder sie doch noch zu klein!«

Natürlich gibt es entwicklungsbedingte Grenzen für gutes Benehmen: Kleinkinder können mit Messer und Gabel noch nicht korrekt essen. Solange sie noch nicht perfekt sprechen können, sind sie bestimmten Gesprächssituationen nicht gewachsen.

Sie können nicht so lange still sitzen wie Erwachsene, können noch keine diplomatische Rücksicht nehmen, haben schneller Hunger und Durst, müssen öfter aufs Klo und sind auf Hilfe angewiesen. Aber wenn wir schon Kindergartenkindern das kleine Einmaleins beibringen, sie mit Messer, Schere und Licht hantieren lassen, damit sie den Umgang damit lernen, und sie zur Schwimmschule, ins Babyturnen und zur musikalischen Früherziehung bringen – warum können wir ihnen dann nicht auch vermitteln, wie man appetitlich isst und trinkt? Wie man sich höflich begrüßt und verabschiedet? Wie man freundlich um etwas bittet und sich für etwas bedankt? Wie man sich als Gast verhält? Und wie man eigene Gäste behandelt? Wie man teilt und schenkt? Und dass man andere so behandelt, wie man selbst behandelt werden möchte? Was Rücksichtslosigkeit ist? Und wie man auch ohne Gewalt miteinander umgehen kann? Sicher finden gerade im Kleinkindalter jede Menge offene Machtkämpfe statt. Doch auch hier kostet eine feste, konsequente Haltung letz-

Auch kleine Kinder können sich entsprechend ihrem Alter gut benehmen – wenn man es ihnen beibringt.

ten Endes weniger Kraft als ein Laisser-faire-Stil, der solches Verhalten irgendwann von selbst toleriert in der Hoffnung, dass jede Entgleisung des Kindes vorübergeht.

11. Geduld & Ausdauer: Nur nicht aufgeben!

Glauben Sie bitte nicht, dass mir alles, was hier aufgelistet ist, immer perfekt gelungen ist. Ich sehe schon manchen diese Zeilen lesen – und kritisch unsere Söhne beäugen. Im täglichen Pflichtprogramm gehen Grundsätze nur allzu gern baden, Unsitten schleichen sich ein. Und manchmal geht es uns Eltern auch einfach nicht so gut, wir fühlen uns mutlos und zweifeln am guten Ausgang der Angelegenheiten. Wenn man schon tausendmal: »... schmatz nicht, Hände auf den Tisch, schau mich an, deck bitte den Tisch mit ab, sei pünktlich, räum deine schmutzige Wäsche weg, wie sieht es in deinem Zimmer aus, hast du Patentante Mimi schon geschrieben ...« gesagt hat, dann zweifelt man manchmal am Erfolg. Aber steter Tropfen höhlt den Stein. Sie werden die verblüffende Erfahrung machen, dass Ihr ungezogener Schlingel in fremden Häusern auserlesene Manieren an den Tag legt, und staunend von anderen Müttern hören, wie wohlerzogen doch Ihr »missratenes« Kind ist. Sie werden sprachlos mitbekommen, dass Ihr Kind die eben vehement abgelehnten Benimmregeln jüngeren Geschwistern, Vettern und Cousinen weitergibt – leider mit weniger pädagogischer Rücksicht als Sie. Wahrscheinlich werden diese Vorfälle Sternstunden sein, von denen Sie lange zehren und die bei weitem nicht so häufig vorkommen wie die Rückschläge. Aber geben Sie nicht auf! Geduld und Ausdauer haben die größte Wirkung.

Verlieren Sie nicht den Mut, wenn Sie sich Ihren Kindern gegenüber tausendmal wiederholen müssen: Steter Tropfen höhlt den Stein!

1x1 DER KOMMUNIKATION

GAR NICHT SO SCHWER: DEN RICHTIGEN TON TREFFEN

Wenn Menschen miteinander in Kontakt kommen, kommunizieren sie. Das kann im direkten Gespräch passieren – dann spielen neben der reinen Sprache auch Mimik, Gestik, Körperhaltung, Blickkontakt und Tonlage eine ganz erhebliche Rolle. Diese Art der Kommunikation ist so alt wie die Menschheit selbst. Viel jünger, also erst einige tausend Jahre alt, ist die schriftliche Form der Kommunikation – dazu mussten Menschen erst schreiben können. Und noch moderner ist der Kontakt per Telefon: Auch hier beeinflussen Stimme und Tonlage die Botschaft der Worte. Eine Errungenschaft der Neuzeit sind Kommunikationsmittel wie Fax, E-Mail und SMS, die aber immer noch auf dem Geschriebenen basieren.

Gar nicht so schwer: den richtigen Ton treffen

Die Art und Weise, wie Menschen miteinander kommunizieren, ist von vielen ungeschriebenen Gesetzen bestimmt. Wir nennen das Höflichkeit. Sie schafft die Ebene, auf der man miteinander umgeht. Das ist am besten mit Verkehrsregeln zu vergleichen. Noch heute wird ja die Bezeichnung »man verkehrt mit jemandem« benutzt, wenn es um gesellschaftliche Kontakte geht.
Jede Kultur und jede Gesellschaft prägt ihre eigenen Umgangsformen. Natürlich verändern sie sich mit der Zeit, wie die Sprache, die Kleidung oder die Architektur.
Höfliche Menschen sind unter sich gewissermaßen solidarisch. Die richtigen Worte im richtigen Moment auszusprechen, die richtige Geste hat eine »Sesam-öffne-dich«-Wirkung. Sie öffnet wie ein passender Schlüssel verschlossene Türen. Eigentlich ganz verständlich: Das Gegenüber empfängt ein bekanntes Signal

Wie die Regeln im Straßenverkehr, so sind im gesellschaftlichen Umgang die Höflichkeitsformen dazu da, Unfälle zu vermeiden und für einen guten Verkehrsfluss zu sorgen. Nur einen Führerschein in Sachen Benimm gibt es (leider) nicht.

Kommunikation ist die Basis jedes Zusammenlebens. Ihr Kind sollte deshalb die Regeln dafür beherrschen.

Gutes Benehmen ist anstrengend – für Eltern und Kinder. Deshalb ist die Versuchung groß, Kinder, sobald sie etwas selbstständiger sind, zu Hause zu lassen, weil sie ja ohnehin meist bocken, wenn sie Erwachsene begleiten.

und reagiert freundlich. So einfach ist das – wenn man das Wort kennt. Kinder sind darauf angewiesen, dass wir sie mit den Sesam-öffne-dichs unserer Gesellschaft bekannt machen. Dass wir ihnen beibringen, sie richtig zu benutzen.

Früher war die Welt der Erwachsenen von der der Kinder weitgehend getrennt. Kinder blieben unter sich, allenfalls betreut – und Erwachsene ebenfalls. Das hat sich vor allem bei den Kleineren geändert. Eltern- und Kinderwelt gehen heute viel stärker ineinander über. Außerdem möchten Eltern ihren Nachwuchs ja auch gerne präsentieren, die komplizierte Organisation der Kinderbetreuung sparen oder ihre persönlichen Pläne elegant mit elterlichen Pflichten verbinden. Trauen Sie Ihrem heranwachsenden Kind ein bestimmtes Maß an Kommunikation mit Erwachsenen zu, und ermuntern Sie es. Es braucht schließlich eine Spielwiese, um die Regeln der Höflichkeit zu üben. Denn oft ist fehlendes Benehmen die Folge von Schüchternheit und Unwissenheit und daraus folgendem Trotz. Wissen, wie's richtig gemacht wird, gibt Sicherheit. Und macht: höflich.

Vergessen Sie auch im Alltag nicht die morgendliche Begrüßungsszene: Schenken Sie Ihrem Kind einen guten Start in den neuen Tag!

Gleichzeitig prägt es Ihr Kind stark, wie Sie in der Familie miteinander umgehen. Auch wenn es morgens hektisch ist und Sie kaum die Augen aufbekommen: Wünschen Sie Ihrem Kind liebevoll einen guten Morgen, verabschieden Sie es zur Schule, und behalten Sie diese Riten den Tag über bei. Höflichkeit ist nicht auf gesellschaftliche Anlässe beschränkt!

Die Begrüßung

»Nein!« Anna versteckt ihre Hand hinter dem Rücken, macht sich dabei ganz klein und verkriecht sich hinter dem mütterlichen Rockzipfel, um der eingeforderten Begrüßung zu entgehen. Meist hilft in dem Moment nur eine Mischung aus Ignorieren und Ablenkung. Auf keinen Fall hat es in diesem Moment Sinn, die Begrüßung zwanghaft einzufordern – das würde Anna so viel Beachtung schenken, dass sie dieses Spielchen beim nächsten Mal mit Begeisterung wiederholen würde. Außerdem wäre der Versuch ganz klar zum Scheitern verurteilt. Aber sicher braucht Anna später in aller Ruhe eine liebevolle, aber konsequente Erklärung, um solche Situationen in Zukunft besser überstehen zu können.

Bis die Kinder erwachsen geworden sind, werden wir Eltern noch jede Menge missglückter Begrüßungssituationen erleben: Die unzähligen Telefonanrufe zur Unzeit, bei der weder der Name des Anrufers genannt noch ein Gruß ausgesprochen wird, die jungen Besucher, die wortlos an den Hausherren vorbei – ins Kinderzimmer – stürmen, die Jugendlichen, die Erwachsene grundsätzlich ignorieren oder nur unwillig zur Kenntnis nehmen. Als Eltern mehrerer Kinder muss man da im Leben einige frustrierende Erfahrungen machen.

Ausgesprochen schüchterne Kleinkinder fühlen sich durch die Begrüßung wenig vertrauter Menschen oft noch überfordert.

1X1 DER KOMMUNIKATION

Schau mir in die Augen, Kleines!
Bei einer Begrüßung ist der Blickkontakt wichtig. Im Moment der Begrüßung konzentriere ich mich wirklich auf den, den ich grüße. Alles andere wäre sehr unhöflich. Das ist für Kinder oft nicht ganz einfach, weil Erwachsene in der Regel ja sehr viel größer sind. Doch meist beugen sich die Erwachsenen ohnehin automatisch dem Kind entgegen. Die meisten Kinder sind in Begrüßungssituationen immer wieder einmal etwas befangen. Doch gerade ein offener Blick signalisiert Selbstbewusstsein und Persönlichkeit. Er spielt für den ersten Eindruck eine entscheidende Rolle. Es lohnt sich, Kinder immer wieder zum Blickkontakt anzuhalten, denn das Wegschauen verschärft meist noch die Schüchternheit. Schließlich können sich die Kleinen nur merken, wen sie da begrüßt haben, wenn sie ihn wirklich wahrnehmen.

Reicht Ihnen ein Kind die Hand, können Sie es mit dem folgenden Kommentar zum Blickkontakt ermutigen: »Schau mich doch einmal an, damit ich überhaupt weiß, welche Augenfarbe du hast.« So etwas ist viel wirkungsvoller, als wenn die Mutter aus dem Hintergrund zischt: »Anschauen!«

Die schöne Hand, bitte!
Selbst Linkshänder begrüßen mit der rechten Hand. Sonst würde es ja auch immer peinliche Verwirrungen geben, wenn Links- und Rechtshänder aufeinander treffen. Aber muss man sich wirklich immer die Hand geben? Hat Anna vielleicht Recht? Ganz klar: nein. Denn in der Begrüßungssituation gibt der Erwachsene den Ton an. Und wenn er die Hand reicht, sollte das gut erzogene Gegenüber – sei es Kind, Jugendlicher oder junger Erwachsener – diese mit seiner rechten Hand ergreifen und herzhaft drücken. Also nicht zu vorsichtig, das fühlt sich unangenehm an und erweckt den Eindruck von Zaghaftigkeit. Probieren Sie doch einmal aus, welchen Händedruck Ihr Kind hat (Vorschulkinder dürfen natürlich noch zaghaft drücken).

Was wir oft vergessen: Kinder reagieren viel empfindlicher auf Berührung – vielleicht weil sie dabei auch ein gewisses Gefühl der Ohnmacht empfinden. Trotzdem helfen Sie Ihrem Kind nicht, wenn Sie ihm jegliche Berührungen und den Körperkontakt, der im normalen Zusammenleben mit anderen entsteht, ersparen. Es muss in die Welt hineinwachsen mit ihren Gepflogenheiten und sollte deshalb auch einem Handschlag gewachsen sein.

Die richtige Haltung

Vorweg: Knicks ist out. Der Diener ist immer noch angesagt – wenn er nicht zu zackig ausgeführt wird. Ein leichtes Neigen des Kopfes ist auch bei jungen Mädchen höflich – wenn sie eine ältere Dame begrüßen. Doch das ist ja schon fast die hohe Schule. Absolutes Minimum bei der Begrüßung sind: Aufstehen, Hände aus den Hosentaschen, Käppi oder Mütze vom Kopf! Mädchen stehen selbstverständlich auch auf: Erst als Ältere darf ich Platz behalten. Die Signalwirkung von Händen in den Hosentaschen ist verheerend. Und bei der Begrüßung sitzen zu bleiben ist einfach nur unhöflich.

Erwachsene können freundlich nicken und so signalisieren, dass die Begrüßung ohne Körperkontakt erfolgt.

DIE ERSTE CHANCE NUTZEN

Der erste Eindruck, den wir von einem Menschen (auch einem kleinen) bekommen, ist oft entscheidend. Schade, dass so viele Heranwachsende die Chance vertun, einen guten Auftritt zu haben. Dabei sind die Regeln denkbar einfach: Wer weiß, in welcher »Rangordnung« und wie Menschen sich begrüßen, entwickelt im Laufe der Zeit ein Gespür für angemessenes Verhalten in einer solchen Situation und wird sicherer. Übrigens: Wenn ich hier immer wieder von »Rang« spreche, ist das nicht allzu wörtlich zu nehmen. Auch im Hühnerstall gibt's eine Hackordnung, und hier geht es um die »Hackordnung« der Höflichkeit.

1X1 DER KOMMUNIKATION

Willst du Tante Marga etwa kein Küsschen geben?

Kinder finden küssende Erwachsene meist grässlich. Und ich meine, dass sich in diesem Fall das Kind nicht den Ansprüchen der Erwachsenen anpassen muss. Hier sollte es nach seinem Gefühl handeln, denn ein erzwungener Kuss ist ein Übergriff. Andererseits lässt eine leichte Kopfdrehung den Kuss in der Luft landen und nicht zum Schmatz entarten. Außerdem ist gerade bei Teenies das französische »Faire la Bise« links und rechts in Mode. Vielleicht auch, weil es Berührung und Nähe in aller Unverbindlichkeit ermöglicht. Als Erwachsener sollten Sie ein Gefühl dafür entwickeln, ob Ihr kindliches Gegenüber so viel Nähe mag. Vielleicht möchten Sie auch besser grundsätzlich darauf verzichten.

Ihrem Kind können Sie »Kussvermeidungsstrategien« weitergeben und ihm Rückendeckung geben, wenn es die Küsserei boykottiert.

Wer grüßt zuerst?

Derjenige mit dem formell niedrigeren Rang grüßt zuerst. Also: der Herr die Dame, der Jüngere den Älteren, der Jugendliche den Erwachsenen, das Kind die Tante oder den Onkel, das Mädchen den alten Herrn. Bei Kindern wird sich keiner sklavisch an diese Regel halten. Da kann dann auch der Erwachsene den ersten Schritt tun und auf das Kind zugehen. Auch bei Jugendlichen, die vielleicht gehemmt oder schüchtern sind, wird der höfliche, gewandte Erwachsene die Initiative ergreifen. Überhaupt: Blickkontakt und Gestik sind oft eine Aufforderung zum Gruß, die auch unsicheren Kindern ganz klar signalisieren: Ich will von dir begrüßt werden. Wissen sollten Heranwachsende jedoch schon, dass sie in der Regel diejenigen sind, die zuerst grüßen. Ausnahme: Wer in einen Raum neu hinzukommt, wer sich zu anderen setzt, wer in ein Geschäft tritt, der grüßt in jedem Fall

DIE BEGRÜSSUNG

zuerst in die Runde, egal wie alt er ist. Und überhaupt: Einmal zu viel zu grüßen schadet auch nicht.

Wer wird wem vorgestellt?

Der Rangniedrigere wird dem Ranghöheren vorgestellt oder stellt sich ihm selbst vor. Also im Fall von Anna sagt entweder die Mutter: »Das ist Anna.« Oder Anna sagt von sich aus bei der Begrüßung: »Ich bin Anna.« Dann erst sagt die Mutter ihrer Tochter, wer die zu grüßende Dame ist. Vielleicht mit ein paar erklärenden Worten: »Das ist die Gastgeberin, die Mutter von …, die Patentante von …« So kann das Kind den Erwachsenen, den es da begrüßt hat, einordnen. Erklärungen helfen Kindern, sich Namen zu merken und sie wie ein weiteres Teilchen in ihr Beziehungspuzzle einzufügen. Ihr Kind bewegt sich so in der Erwachsenenwelt rasch viel sicherer.

Schön, wenn Ihr Kind weiß: Zur Begrüßung sollte man aufstehen und möglichst auch die Kopfbedeckung abnehmen.

Ist ein Kind oder Jugendlicher allein unterwegs und besucht z.B. einen Freund nach der Schule, kann es sich auch mit vollem Namen vorstellen, also: »Ich bin Anna Rosenstiel.« Je nach Situation ist eine zusätzliche Erklärung hilfreich: »Ich gehe mit Amelie in die Klasse.« Oder: »Wir spielen zusammen in der Fußballmannschaft.«

Natürlich können Kinder auch Kinder vorstellen. Wenn Ihr Kind einen Freund mitbringt, dann übernimmt es die Vorstellung selbst. Die meisten Kinder tun das gerne, weil sie sich beim Vorstellen erwachsen fühlen. Ein formloses »Mama, das ist der Ben aus dem Fußballverein« reicht vollkommen aus.

1X1 DER KOMMUNIKATION

Auch die Personen, denen man im Alltag immer wieder begegnet – Lehrer, Mitschüler, Verkäufer oder der Busfahrer –, haben selbstverständlich das Recht auf einen freundlichen Gruß.

»Den kennst du nicht!«

Kinder reden leise, nuscheln – oder sagen gar nichts. Zumindest bei Begrüßungen. Das wirkt unhöflich. Denn mein Gegenüber sollte wissen, mit wem er es zu tun hat. Dabei ist es beim ersten Kennenlernen höflich, den Namen laut und deutlich auszusprechen. Umgekehrt sollten Erwachsene auch ihren Namen nennen, und zwar so, wie sie angesprochen werden möchten. Bei einem Kindergartenkind reicht also vielleicht auch der Vorname. Und natürlich darf das Kind nachfragen, wenn es den Erwachsenen nicht verstanden hat oder der sich nicht äußert. Schließlich ist nicht jeder Erwachsene automatisch höflich. Auf keinen Fall sollten Sie es sich von den eigenen Kindern gefallen lassen, bei der Nachfrage nach Namen von Freunden mit den beliebten Worten: »Den kennst du nicht!« abfertigen zu lassen.

Einfach »Hallo!« sagen …

Eine Freundin von mir unterrichtet im Gymnasium. Begrüßung? »Fast jeder kommt herein, den Blick gesenkt, oft zu spät, schält sich endlos aus Mantel, Schal und Mütze und sitzt dann endlich, ohne mich auch nur eines Blickes zu würdigen.« Täglich betreten Kinder das Klassenzimmer, gehen in den Kindergarten, kommen in den Sportverein, betreten den Bäckerladen oder gehen zum Schalter: muffelig, gehemmt, ohne Gruß, ohne Rücksichtnahme auf andere.

Ein freundliches »Guten Tag« oder auch ein formloses, aber herzliches »Hallo« sind für Erwachsene und Kinder entspannend, schaffen ein gutes Klima und können die Grundlage für eine weitere positive Kommunikation sein. Immer grüßt derjenige zuerst, der den Raum betritt oder zu einer Gruppe hinzukommt. Und nichts wirkt motivierender als der herzliche Gegengruß.

Die Begrüßung in der Familie

In der Hektik des Alltags geht die Begrüßung in der eigenen Familie oft unter. Dabei ist es sehr wichtig, ihr einen festen Platz einzuräumen. Die erste Begrüßung morgens gehört zu den Riten, die das Familienleben harmonischer machen. Wir machen uns ja nicht immer klar, dass es ein Glück ist, sich wohlbehalten wieder zu sehen. Das wäre wohl auch nervlich ganz schön anstrengend. Aber wenn die Begrüßung eine Selbstverständlichkeit wird, schließt sie Freude und Dankbarkeit über das Zusammensein ein. Das gilt natürlich auch für die Eltern untereinander. Nähe ist so in den Tagesablauf eingebettet und gibt dem Zusammenleben einen Rahmen. Ganz abgesehen davon ist bei Jugendlichen die Begrüßung auch eine Orientierung, wer denn wo war, wie es so geht und was am Tag noch anliegt. Da verlieren Sie nämlich sonst ganz schnell den Überblick – und Ihre Kinder auch. Allerdings werden Sie dafür kämpfen müssen, denn mit zunehmendem Alter finden Kinder diese Leine, an der sie laufen, manchmal lästig.

Je älter Ihr Kind ist, desto eher ist beim Vorstellen der volle Name angebracht. Schön, wenn das ein Grundschulkind schon kann. Aber spätestens 10-Jährige sollten dann ihren vollen Namen nennen.

Die Verabschiedung

Sie ist natürlich längst nicht so schwierig wie die Begrüßung. Aber sie ist mindestens so wichtig. Und für die Verabschiedung gelten dieselben Regeln wie für die Begrüßung – vor allem, was die Haltung angeht. Denn der Abschied ist der letzte Eindruck,

1X1 DER KOMMUNIKATION

den man hinterlässt. Wer also bei der Begrüßung eine nicht ganz so gute Figur gemacht hat, der kann das beim Abschied wieder wettmachen – schließlich fühlt man sich nach einiger Bekanntschaft sicherer. Außerdem kann man sich bei der Gelegenheit gleich für die Gastfreundschaft bedanken und den Gastgeber fühlen lassen, dass es einem gut gefallen hat. Oder man kann einen Gegenbesuch vereinbaren. Der Abschied ist in jedem Fall das »Happy End« eines gelungenen Treffens.

Und was tut ein gut erzogenes Kind, wenn sich die Mutter der Freundin in Luft aufgelöst hat? Es ruft in die Tiefe des Korridors: »Auf Wiedersehen« oder »Tschüss« oder »Ciao« – und vielleicht kommt dann ja ein Abschiedsecho zurück ...

Zum Abschied gehören immer zwei

Gerne verschwinden jugendliche Gäste so, wie sie gekommen sind: unsichtbar. Das liegt teilweise an den Besuchern, die noch nicht gelernt haben, dass zu einem Treffen auch die Verabschiedung gehört. Aber es liegt auch an den Gastgebern: Kinder und Jugendliche begrüßen ihre Gäste wohl meist, weil sie sie zwangsläufig zur Tür hineinlassen. Aber der Abschied fällt oft ins Wasser: Wie eine heiße Kartoffel wird der Besuch nach Spiel und Spaß fallen gelassen und darf selbst den Weg hinaus finden. Das ist sehr unhöflich. Auch Kindergartenkinder können schon lernen, ihre Spielkameraden bis zur Tür zu bringen, sich von ihnen zu verabschieden und die Türe hinter dem Gast zu schließen. Selbst wenn elterliche Begleitung dabei nötig ist, macht das die eigene Beteiligung nicht überflüssig. Aber auch erwachsene Gastgeber verkriechen sich manchmal und weichen der Begegnung mit den Freunden ihrer Kinder aus. Machen Sie es Ihren jugendlichen Besuchern also leicht. Selbst wenn rein formal die Jüngeren den ersten Schritt tun sollten, können Sie ihnen entgegenkommen und den Anfang machen. Wenn Sie den Freunden Ihrer Kinder ein »Schön, dass du da warst« mit auf den Weg geben, werden sie gerne wieder kommen.

DIE VERABSCHIEDUNG

Den Abschied finden

Sich gar nicht zu verabschieden ist unhöflich. Aber eigentlich bis sechs verabredet zu sein und dann kein Ende zu finden, weil erst noch der Gang zum Klo nötig ist, schnell was getrunken werden muss, noch ein Comic zum Ausleihen gesucht wird – und das alles unter den wartenden Augen der verabschiedenden Gastgeber –, das ist genauso unhöflich. In die gleiche Kategorie gehören Mütter, die ihren Nachwuchs abholen und in der Tür kein Ende finden, während die Hausherrin auf Kohlen steht, weil die Geschäfte gleich schließen, sie auf ein Telefongespräch wartet oder die Kartoffeln anbrennen. Natürlich möchten Sie nicht, dass Ihr Kind anderen Familien lästig wird – die geben es nämlich meist nicht zu. Deshalb ist es wichtig, dass Sie den Zeitpunkt der Verabschiedung schon von vornherein in Absprache mit Ihrem Kind festlegen. Und zwar mit Rücksicht auf den Tagesablauf des

Kann Ihr Kind sich nicht von selbst »loseisen«, müssen Sie es an die Hand nehmen und darauf bestehen, dass es sich fertig macht.

Wenn Sie Ihr Kind bei der Freundin oder der netten Nachbarin abholen, verabschieden Sie sich freundlich – ohne dabei die Geduld der Gastgeber über Gebühr zu strapazieren.

Auch innerhalb der Familie ist Höflichkeit angesagt: Ein fröhlicher Gruß zum Abschied gibt dem Kind am Morgen Sicherheit mit auf den Weg.

Kindes, das besucht wird. Bei kleineren Kindern ist das meist 18 Uhr, bei größeren 19 Uhr. Hält sich Ihr Kind an diese Abmachung, wird es sicher weiterhin willkommen sein.

Niemals grußlos gehen

Ganz automatisch verabschieden sich Kinder auf dem Heimweg mit einem »Tschüss« voneinander. Aber dass man sich vielleicht auch von seinem Lehrer verabschiedet, von der Schulsekretärin, bei der man eine Auskunft holt, von der Arzthelferin beim Verlassen der Praxis, beim Verlassen des Wartezimmers oder eines Geschäftes, dass wissen leider oft nicht einmal die Erwachsenen. Dabei kann man den Gruß fröhlich vor sich hinschmettern, in den Raum hinein – damit jeder sich eingeschlossen fühlt.

Abschied in der Familie

Er ist ebenso wichtig wie die Begrüßung und gehört zu den Familienritualen. Nicht nur das Pausenbrot ist für Kindergarten und Schule wichtig – der liebevolle Abschied gibt dem Kind Sicherheit und Stärke mit auf den Weg. Manchmal sind mit dem Abschied auch organisatorische Verabredungen verbunden, die das Mittagessen oder den Nachmittag, Unterschriften für die Schule oder die Erinnerung ans Sportzeug betreffen. Er setzt einen Punkt hinter die gemeinsame Zeit und lässt den allein zu bewältigenden Tagesabschnitt gut beginnen.

Abschied kann auch schwierig werden, wenn Mutter und Kind sich nicht lösen können, wie beim Eintritt in den Kindergarten. In so einer Phase muss man vielleicht auf ihn verzichten. Aber verpassen Sie nicht den Zeitpunkt, ihn wieder einzuführen, sonst geht Ihnen dieser Ritus verloren. Ich selbst fürchtete Abschiede von meiner Mutter, weil sie immer sehr tränenreich waren. Als Eltern sollten Sie sich also bemühen, den Abschied zu einem Akt der Zuversicht und Fröhlichkeit werden zu lassen und Ihrem Kind ein bisschen von Ihrer Liebe und Kraft mit auf den Weg zu geben. Der wichtigste Abschied im Tagesablauf ist das »Ins-Bett-Bringen«. Je kleiner die Kinder, desto ausführlicher und ritueller darf er sein: Vom Baden übers Vorlesen, Singen, Erzählen bis zum Beten reicht die Spanne. Abends kann vieles wieder gutgemacht werden, was tagsüber vielleicht nicht so gut gelaufen ist. Schön, wenn Eltern abends die Kraft haben, den Abschied entspannt und liebevoll zu gestalten. Es gehört eine Menge Disziplin dazu, denn die wenigsten Kinder gehen freiwillig ins Bett. Aber dieser Aufwand lohnt sich.

Von Gespräch bis Sprache

Miteinander reden ist die Voraussetzung für ein friedliches Zusammenleben, in der Familie, in der Schule und in der Gesellschaft. Kinder sehen sich im Gespräch oft im Nachteil, weil sie noch nicht so eloquent und trainiert wie die Erwachsenen sind. Ihre Stimme ist auch zaghafter, und sie brauchen oft länger für ihre Überlegungen und Antworten. Häufig kommen sie gar nicht zu Wort, ihre Meinung wird übergangen oder abgetan. Das führt manchmal zu einem Rückzug in die Schmollecke, zu allmählichem Verstummen und zur Gesprächsverweigerung. »Wenn mir sowieso keiner zuhört, brauche ich mir ja erst gar keine Mühe zu geben«, sagt sich ein Kind dann schnell. Das Gefühl des Übergangenwerdens kann besonders bei Jugendlichen zu Zornausbrüchen, Beleidigungen und Anklagen führen. Auch unter Gleichaltrigen sind friedliche Gespräche oft

Wir haben die »Gesprächsregeln« (siehe Kasten Seite 46) bei uns in der Küche an den Küchenschrank geklebt. Das hilft uns zwischendurch, wenn die Gesprächswogen gerade wieder mal besonders hoch schwappen.

1X1 DER KOMMUNIKATION

Bewusst reden und zuhören muss gelernt werden. Der Lohn: Konstruktive Gespräche helfen, typische Konflikte im Eltern-Kind-Verhältnis zu vermeiden. Ob Sprecher oder Zuhörer – jeder Gesprächsteilnehmer muss beide Rollen beherrschen.

SPRECHER

➢ **Ich-Gebrauch:** Jeder sollte von sich, von seinen Gedanken und Gefühlen sprechen. Du-Sätze sind oft Vorwürfe oder Unterstellungen, die zum Streit führen.
➢ **Konkret sein:** Jeder sollte konkrete Situationen ansprechen und Verallgemeinerungen wie »immer« oder »nie« vermeiden.
➢ **Konkretes Verhalten** ansprechen und auch hier keine Verallgemeinerungen machen.
➢ **Beim Thema bleiben:** Nicht vom Hölzchen aufs Stöckchen kommen.
➢ **Sich öffnen:** Jeder sollte beschreiben, was in ihm vorgeht, wie Dinge auf ihn wirken, was er sich wünscht, was ihn verletzt und ihm wehtut.

ZUHÖRER

➢ **Aufnehmendes Zuhören:** Blickkontakt, Gesten, ermutigende Worte verraten Interesse und bestärken den Sprecher.
➢ **Zusammenfassen:** Der Zuhörer sollte die wichtigsten Gedanken noch einmal zusammenfassen, wenn der andere seine Ausführungen beendet hat.
➢ **Offene Fragen:** Der Zuhörer darf nachfragen, wenn er sich nicht sicher ist, ob er den Sprecher richtig verstanden hat.
➢ **Lob:** Offenheit kann durch positive Äußerungen verstärkt werden.
➢ **Rückmeldung des ausgelösten Gefühls:** Wenn der Zuhörer durch eine Äußerung getroffen ist, sollte er das im Anschluss sagen und sein Gefühl beschreiben.

Je älter ein Kind ist, desto besser sollte es nebenstehende Kommunikationsregeln beherrschen.

Versuchen Sie, auch unruhige oder stressige Tage in liebevoller Geborgenheit und mit einem schönen Ritual ausklingen zu lassen. Der beste Start in eine schöne Nacht – und den folgenden Tag.

schwierig, arten Diskussionen häufig in Streit aus – und natürlich erst recht unter Geschwistern. Doch miteinander reden lässt sich trainieren. In der Familie können Sie für eine richtige Gesprächskultur sorgen. Auch Ihre Partnerschaft wird davon profitieren. Das Gesprächstraining beginnt, sobald Ihr Kind sprechen kann. Die Grundregeln kennen Sie sicher ohnehin:

➤ Respekt vor dem anderen, auch wenn er jünger ist, ist die Grundlage des Gespräches. Wenn Sie mit Kindern reden, ist es einfacher, wenn Sie sich räumlich auf eine Gesprächsebene begeben und die Unterhaltung nicht »von oben herab« führen. Setzen Sie sich am besten gemeinsam hin.
➤ Jeder sollte ausreichend zu Wort kommen.
➤ Jeder sollte zuhören. Und zwar geduldig und aufmerksam.
➤ Keiner darf dem anderen ins Wort fallen oder ihm gar das Wort verbieten.
➤ Während des Gespräches sollte man Blickkontakt halten.
➤ Beobachten Sie sich: Lautes Reden, abschätzige Formulierun-

Gespräche, die sehr private Bereiche eines Ihrer Kinder betreffen, sollten unter vier Augen geführt werden.

Die Gesprächsregeln auf diesen Seiten basieren auf dem Inhalt des Buches »Wie redest du mit mir? Fehler und Möglichkeiten in der Paarkommunikation« (Joachim Engl, Franz Thurmaier, erschienen im Herder Verlag).

gen, den anderen lächerlich machen, bloßstellen oder attackieren nehmen jedem Gespräch die Grundlage, lassen es zum Zwist werden oder beenden es sogar.

All diese Punkte machen klar: Jeder muss richtig reden und richtig zuhören können. Mir hat ein Gesprächstraining für »alte« Ehepaare auch geholfen, mit meinen Kindern im Gespräch zu bleiben. Die Regeln gehen über bloße Höflichkeit hinaus und helfen positive Gespräche mit anderen zu führen, wenn es Probleme und Meinungsverschiedenheiten gibt (siehe Kasten Seite 46).

Im Gespräch bleiben

Miteinander reden braucht aber auch einfach Zeit und Zuwendung. Bei rein mechanischen Tätigkeiten wie Abwaschen, Strümpfestopfen und Salatputzen kann man sich prima unterhalten, auch wenn der Blickkontakt dabei etwas zu kurz kommt. Doch diese Tätigkeiten sind selten geworden. Darunter leidet die Kommunikation in Familien. Denn Radio, Computer und Fernsehen behindern Gespräche. Schaffen Sie in Ihrer Familie immer wieder Gelegenheit zum Reden: bei gemeinsamen Arbeiten, beim Essen, Einkaufen oder während einer gemütlichen Küchenrunde.

Rhetorik contra Verständigung

Ziele erreichen, sich durchsetzen – das sind Aspekte der Kommunikation, die heute hoch im Kurs stehen und für die Zukunft unserer Kinder wichtig sind. Das Training zur Selbstdarstellung und zur Präsentation wird schon in der Schule gefördert und im öffentlichen Leben und den Medien vorgelebt. Die Regeln der Höflichkeit gelten auch für eine geschliffene

Rhetorik. Ein moderater und verbindlicher Umgangston, Blickkontakt – das alles wird Ihrem Kind auch im beruflichen Bereich Türen öffnen, fördert aber nicht unbedingt eine konstruktive Gesprächsführung. Es geht bei solchen rhetorischen »Spielen« ja nicht darum, sich zu einigen, sondern sich durchzusetzen. Ihr Kind wird diese Art von Gesprächsführung brauchen. Aber machen Sie ihm klar, dass das im Privaten nicht angebracht ist – Taschengeldverhandlungen ausgenommen. Und benutzen Sie solche Techniken auch nicht selbst, um Erziehungsziele durchzusetzen. Schließlich wollen Sie zu Hause nicht einen ähnlichen Ton pflegen wie im Betrieb bei Gehaltsverhandlungen. Helfen Sie Ihrem Kind zu unterscheiden, wann Präsentation und wann echtes Gespräch gefragt ist.

Sprechen: vom Nuscheln bis zum Dialekt

Eine schöne, klare Aussprache ist die beste Visitenkarte, die Sie Ihrem Kind mitgeben können. Wichtig für die mündliche Kommunikation ist vor allem, wie ich spreche: Artikulation, Tonfall, Aussprache sind nur zu einem geringen Teil angeboren, sie sind vor allem Erziehungssache. Achten Sie schon bei kleinen Kindern auf eine korrekte Sprechweise: schlampige Aussprache, Verschlucken von Silben, Nuscheln und Lispeln sind für den Gesprächspartner unangenehm und machen keinen guten Eindruck. Außerdem wird Ihr Kind dadurch oft nicht verstanden, muss sich wiederholen oder wird überhört. Das verstärkt vorhandene Unsicherheiten. Haben Sie Geduld und bitten Sie Ihr Kind um Wiederholungen, bis das Wort richtig ausgesprochen ist. Haben Sie das Gefühl, dass Ihr Kind grundsätzliche Probleme mit dem Sprechen hat, konsultieren Sie eine Logopädin – am besten über einen HNO- oder Kinderarzt. Meist sind diese Störungen

Oft werden wir erst, wenn unsere Kinder »schlampig sprechen«, darauf aufmerksam, dass wir uns selbst so manches Mal nicht korrekt ausdrücken.

1X1 DER KOMMUNIKATION

leicht zu therapieren. Mit Schulkindern können Sie auch selbst zu Hause eine leichte Übung versuchen: Lassen Sie Ihr Kind einige Sätze auf Band sprechen, oder nehmen Sie eine Unterhaltung auf. Beim Abhören geniert es sich vielleicht zuerst. Aber es wird sehr schnell selbst bemerken, was an seiner Sprechweise nicht stimmt, und sich bemühen, das zu verbessern. Zu den sicher hartnäckigsten Störungen gehört das Stottern. Je früher Sie mit der Behandlung beginnen, desto besser sind die Erfolgsaussichten. Hier sollten Sie in jedem Fall eine Logopädin konsultieren.

Und wie ist es mit Dialekten? Nun, einen ursprünglichen Dialekt sprechen zu können ist wunderbar. Schließlich würde unsere sprachliche Vielfalt sonst aussterben. Aber oft handelt es sich ja eher um »Slang«, und den sollten Sie nicht unterstützen. Gleichzeitig ist es wichtig, dass Ihr Kind neben dem Dialekt auch Hochdeutsch spricht. In vielen Berufen wird Wert darauf gelegt, und Sie können nicht wissen, in welche Ecken Deutschlands es Ihr Kind einmal verschlägt. Entscheidend ist die Sprache, die zu Hause vorherrscht.

Verbiegen Sie sich nicht: Wenn Sie Dialekt sprechen, kann der Partner das mit Hochdeutsch vielleicht ausgleichen. Gute Hörspielkassetten sind ebenfalls eine Hilfe. Lassen Sie Ihr Kind laut lesen – so übt es die korrekte Aussprache.

Kraftausdrücke und die Schweinekasse

Solange sich die lieben Kleinen im häuslichen Einflussbereich bewegen, haben die Eltern die Fäden in der Hand. Die Ernährung ist in dieser Zeit nachweislich besser – und die Sprache ist es auch. Aber wehe, sie kommen in Kindergarten und Schule! Da erleben manche Eltern ihr blaues Wunder. Der Gruppendruck geht in Richtung Kraftausdrücke, und selbst das eigene Kind entfaltet dabei enorme Fantasie und Initiative. Sie werden das nicht verhindern können. Aber Sie können verhindern, dass Schimpfworte zum ständigen Repertoire Ihres Familienwortschatzes werden. Zum einen sollten Sie Ihrem Kind erklären, was welches

Schimpfwort eigentlich bedeutet und warum es so unschön ist. Dass es andere Menschen beleidigen oder verletzen kann. Im besten Fall wird Ihr Kind nach diesem Dolmetschen einige Kraftausdrücke gar nicht mehr in den Mund nehmen. Doch ganz werden Sie das Problem mit Erklären und Verständnis nicht lösen. Die meisten Kinder lieben nämlich die Provokation, die darin liegt. Und den schockierten Gesichtsausdruck der Eltern. Ziehen Sie ganz klare Grenzen. In unserer Familie gibt es sogar eine Schweinekasse, in die beim Verwenden bestimmter Worte eingezahlt wird. In höflichen Zeiten gerät sie in Vergessenheit. Wird wieder zu viel Vulgärsprache gebraucht, tritt sie wieder in Aktion. Sie können Ihrem Kind diese Sprache zu Hause und im Gespräch mit Ihnen verbieten und das immer wieder anmahnen. Lassen Sie nichts durchgehen, und machen Sie klar, dass diese Sprache sich nicht zum Umgang eignet. Langfristig trägt das Früchte, auch wenn die Sprache der Kinder untereinander oft noch nicht so ganz unseren Vorstellungen entspricht. Und ganz unter uns: Ein Kraftausdruck hat doch nur wirklich befreiende Wirkung, wenn er eigentlich verboten ist!

Begegnen Sie Schimpfwörtern und Flüchen mit gleichmütiger Konsequenz – und wenn das nicht hilft, mit einer »Schweinekasse«.

Briefe, Faxe, E-Mails, SMS: Allerlei Geschriebenes

Fast schien es, als ob man ohne Schreiben auskäme – da eroberten E-Mail und SMS die Kinderzimmer. Im Ernst: Wer mit den modernsten Kommunikationsmitteln umgehen will, muss schreiben (und lesen) können. Auch wenn Rechtschreibhilfe und

1X1 DER KOMMUNIKATION

Tippen den Vorgang erleichtern, weil sie schnelle Korrekturen möglich machen. Doch auch Handgeschriebenes hat noch nicht ausgedient und will gelernt sein.

Noch richtige Handarbeit: Briefe schreiben

Die höflichste und persönlichste Art der schriftlichen Kommunikation ist immer noch eine hangeschriebene und per Post verschickte Nachricht. Das kann bei Kindern der Dank an die Patentante sein, der Geburtstagsgruß an die weiter entfernt lebende Großmutter oder die Urlaubskarte an den Freund. Für alle Briefe gibt es einige Grundregeln:

Der Name und die Adresse des Empfängers steht in der unteren Hälfte des Briefumschlags. Bei Kindern reicht der einfache Name mit Adresse. Ist der Empfänger erwachsen, steht vor oder über dem Namen: Herrn bzw. Frau. Und wenn ein Titel existiert wie Dr. oder Prof., dann ist es höflich, ihn vor den Namen zu setzen. Also: Herrn Dr. Jens Kaltenbach oder Frau Prof. Dr. Amalie Lorbeer. Bei Kindern bzw. sehr persönlichen Briefen darf das aber auch wegfallen. Die Zeilen sollten linksbündig untereinander stehen. Rechts oben kommt die Briefmarke hin. Den Absender auf der Rückseite oben nicht vergessen. Bei großen Umschlägen kann er auch auf derselben Seite wie die Adresse des Empfängers oben links klein in der Ecke stehen. Der Brief hat also ein richtiges »Gesicht«. Wenn Ihr Kind das begriffen hat, wird es sich beim Schreiben auch etwas mehr Mühe geben.

Nehmen Sie ihm das Adressieren nicht ab, auch wenn's schneller geht. Sonst fühlt es sich nicht wirklich für seinen Brief verantwortlich. Außerdem werden Sie langfristig zur Sekretärin Ihres Nachwuchses. Schließlich soll Ihr Kind das ja langfristig allein schaffen, ohne dass Sie sich für die Optik genieren müssen.

Auch ohne zwingenden Anlass kann ein netter Brief zwischendurch viel Freude bereiten. Besonders kleinen Kindern macht es Spaß, Briefe gemeinsam mit Mama und Papa zu basteln, zu malen und zu »schreiben«.

Machen Sie sich klar, dass später bei Bewerbungen meist ein handschriftlicher Lebenslauf oder ein handschriftliches Anschreiben gefordert wird. Je leichter und selbstverständlicher Ihrem Kind das von der Hand geht, desto besser. Außerdem: Bei Erstklässlern sieht jeder Briefempfänger gerührt über Unebenheiten hinweg. Aber wenn ein 16-Jähriger noch so holprig gestaltet und schreibt, löst das vor allem bei kinderlosen Erwachsenen doch ein Stirnrunzeln aus …

Vielleicht ist das der Grund, warum meine Söhne eifrig E-Mails schreiben, aber kaum Briefe? Die Form ist in diesem Fall vorgegeben, die Sätze dürfen kurz und umgangssprachlich sein, die Antwort kommt umgehend – ein Eldorado für Jugendliche. Als Unsitte empfinde ich allenfalls, Rundmails an alle und jeden zu schicken und alle mit unpersönlichen Witzen, Geschichten oder Bildern zu bombardieren. Das erinnert mich fatal an Kettenbriefe und ist völlig überflüssig.

Dasselbe trifft für SMS zu. Sie ersetzen allenfalls kurze Telefonate, aber nie einen Brief. Als kurze Nachrichten sind sie sinnvoll, nicht aber als Ersatz für einen Dankesbrief. Sie können – wie auch Gespräche über das Handy – die direkten, persönlichen Kontakte stören, sich dazwischendrängen und belästigen. Und sie verlocken dazu, sich an Telegrammstil und unvollständige Sätze zu gewöhnen.

Der gute Ton am Telefon

So nachlässig die persönliche Begrüßung oft geschieht: Am Telefon sind die Kleinen oft ganz schön erwachsen. Nicht nur die Tochter, sondern vor dem Stimmbruch auch der Sohn wird für die Mutter gehalten, danach glaubt man den Hausherrn an der

Sobald Ihr Kind das Telefon selbst abnehmen darf – in der Regel mit etwa 5 Jahren –, sollte es auch in der Lage sein, sich richtig zu melden.

1X1 DER KOMMUNIKATION

Auch am Telefon muss man die richtigen Worte finden.

Strippe zu haben. Das muss nicht sein. Denn die Grundregel lautet: Kinder melden sich mit Vor- und Familiennamen. Allein den Familiennamen zu nennen steht nur den Eltern zu. Also: »Anna Blumenstiel« und nicht nur »Blumenstiel«. Achten Sie auf die Einhaltung dieser Regel. Sie sorgt für Klarheit am Telefon, verhindert Verwechslungen und macht die Rangordnung im Haus deutlich. Denn witzigerweise melden sich oft die Kinder nur mit dem Familiennamen, die auch sonst zu Hause das Sagen haben. Nur »Hallo« zu sagen ist schlicht unhöflich und lässt den Anrufer ganz im Unklaren, mit wem er es denn da zu tun hat.

Wenn Ihr Kind aber seinerseits anruft, sollte es immer zunächst einen Gruß aussprechen: Von »Guten Tag« bis »Hallo« ist alles möglich. Danach nennt es seinen vollen Namen: »Hier ist Magnus von Cramm.« Zugegeben: Der Gruß fällt den meisten Kindern (und Erwachsenen) schwer, weil sie doch etwas aufgeregt sind. Aber irgendwann klappt es sicher. Wichtig ist aber, wie es dann weitergeht: »Kann ich bitte den Daniel sprechen?« Und wenn Daniel nicht da ist: »Könnten Sie ihm bitte sagen…?« Leider hört sich das meistens so an: Klingel, klingel. »Magnus da?« »Nein…« Wumm, aufgelegt.

Fassen Sie sich in den Zeiten, die Sie ihren Kindern widmen möchten, am Telefon möglichst kurz, oder schalten Sie gleich den Anrufbeantworter ein.

Doch es gibt noch mehr Telefonprobleme. Ich habe eine Freundin, die sich grundsätzlich zum Telefonieren im Badezimmer einschloss, weil ihre Kleinkinder mütterliche Telefonate nicht tolerierten. Versuchen Sie, Ihrem Kind klarzumachen, dass beim Telefonieren nicht gestört werden darf – und strapazieren Sie seine Geduld nicht zu sehr.

Wächst Ihr kleiner Liebling heran, verkehren sich oft die Verhältnisse: Ihr Kind schließt sich womöglich seinerseits ein und blockiert für Stunden die Leitung! Hier hilft nur zähes Verhandeln. Mir hilft der Hinweis auf meine journalistischen Pflichten, und außerdem habe ich Söhne, die sich kurz fassen. Aber auch Sie finden sicher Gründe, die Redezeit zu begrenzen. Hilfreich kann bei älteren Kindern die Einzelverbindungsübersicht der Telekom sein, mit deren Hilfe Sie monatlich abrechnen können.

Ein Handy kann bei den Älteren sicher einige Konflikte entschärfen – vor allem wird Ihr Kind merken, was Telefonieren kostet und dass es zu einem teuren Hobby werden kann.

Ebenso wichtig ist es aber, Kindern klar zu machen, dass Handygeklingel an manchen Orten unangebracht ist: Schule, Kirche, Kino, Konzert sind für Handys tabu. Und wenn man in Gesellschaft ist, gehört es sich nicht, stundenlang zu telefonieren. Das ist ungefähr so, als ob zwei in einer Clique pausenlos tuscheln.

Kann viel retten: die Entschuldigung

Jedem geht mal was daneben. Und rücksichtslos sind Kinder oft aus Gedankenlosigkeit und nicht aus bösem Willen. Im Eifer des Gefechtes wird eben so manches übersehen. Außerdem leben Kinder oft in ihrer eigenen Welt und sind sehr mit sich selbst beschäftigt. Doch wenn sie etwas »verbockt« haben und damit konfrontiert werden, dann sollten sie sich auch dafür entschuldigen. Manchmal brauchen sie dazu Hilfe von den Erwachsenen, die ihnen klar machen müssen, was sie eigentlich falsch gemacht haben und wo ihre »Schuld« liegt. Oft wissen sie es aber eigentlich ganz gut selbst: Zu spät zum Mittagessen kommen, Mamas Parfum versehentlich auf den Boden werfen oder die Hausaufgaben nicht erledigt haben – da können Kinder recht gut

Lassen Sie sich als Eltern keinen Übergriff Ihres Kindes gefallen und bestehen Sie auf einer Entschuldigung! Denn nur dann wird es auch der übrigen Welt gegenüber begreifen, dass man mit Rücksichtslosigkeit nicht durchkommt.

1X1 DER KOMMUNIKATION

Familienfeste sind übrigens eine großartige Gelegenheit zum Üben. Denn alle kennen einander, und das Wohlwollen der jüngeren Generation gegenüber ist meist groß.

selbst einschätzen, was nicht richtig war. »Es tut mir Leid« und die wirkliche Einsicht, etwas falsch gemacht zu haben, verbunden mit dem Versprechen, es zukünftig besser zu machen, sind wie ein Löschpapier: Nimmt der andere die Entschuldigung an, dann ist das Malheur vergeben und vergessen.

Ein verächtlich hingeworfenes »'tschuldigung« kann aber auch wie ein Schlag ins Gesicht wirken. Dann nämlich, wenn die Entschuldigung nicht von Herzen kommt und nur als Floskel benutzt wird. Das sollten Sie Ihrem Kind klar machen.

Die Zauberwörter »Bitte« und »Danke«

Sicher kennen Sie den alten Witz: Ein Kind möchte bei einer Einladung eine Limonade. Als die Gastgeberin es daraufhin fragt: »Wie heißt das Zauberwort?«, äußert das Kind ganz trocken: »Schnell«. Ich kenne eine Menge Kinder, die mit diesem

Auch Geschenke annehmen will gelernt sein. Egal, wie gut das Mitbringsel gefällt, ein liebes Dankeschön sollte selbstverständlich sein.

DIE ZAUBERWÖRTER »BITTE« UND »DANKE«

Zauberwort ihre Mütter ganz gut im Griff haben. Aber Sie wissen natürlich: Das Zauberwort heißt »Bitte« und hat eine Menge mit dem »Sesam, öffne dich« am Anfang des Kapitels zu tun. Es ist nicht immer einfach, um etwas zu bitten. Doch heute sind Eltern selten so streng, dass dem Kind die Bitte schwer über die Lippen gehen sollte. Es sind ja auch nicht immer die großen Wünsche. »Bitte« ist das Zauberwort auch für die Dinge des Alltags: »Reich mir doch bitte mal das Brot ... Kannst du bitte zum Bäcker gehen? ... Bitte stell doch die Musik leiser.« Oder im Geschäft: »Ich möchte bitte ...« Die angesprochene Person, die dann das gewünschte Brot reicht, tut dies wie Verkäufer oder Verkäuferin im Geschäft ebenfalls mit einem »Bitte«. Das »Bitte« sollte jeden geäußerten Wunsch begleiten und zur Selbstverständlichkeit werden, die für Kinder und Erwachsene gleichermaßen gilt. Ebenso wie das »Danke«.

Kinder, die grundsätzlich fordern statt bitten, haben oft das Gefühl, dass sie stets und immer zu kurz kommen. Ihre Erziehung zur Höflichkeit wird mehr Erfolg haben, wenn Sie Ihrem Kind zusätzlich vermitteln, dass es mit seinen Bedürfnissen ernst genommen wird.

Kleine Regeln – große Wirkung

Meine sehr streng preußisch erzogene Tante, eine perfekte Dame, erzählte mir, dass ihr als Kind von ihren Eltern die folgende Regel beigebracht wurde: »Ein Geschenk gehört dir erst, wenn du dich dafür bedankt hast.« Ich finde diese Regel wunderbar, und Kindern leuchtet sie sofort ein. Natürlich bedeutet die Erziehung zu einem freundlichen Umgang miteinander erst einmal Mehrarbeit für uns Eltern. Denn wir müssen einerseits über das Einhalten all dieser Regeln wachen und andererseits ein gutes Beispiel vorleben.

Das heißt: unsere Kinder zum Dank anleiten, ihnen helfen, die alltägliche Höflichkeit aber auch immer wieder einfordern und kontrollieren. Gerade kleinere Kinder brauchen unsere Hilfe, wenn sie Dank abstatten möchten.

TISCHSITTEN – MEHR ALS ESSEN & TRINKEN

TISCHSITTEN – MEHR ALS ESSEN & TRINKEN

"Hand auf den Tisch!«, »Schmatz nicht!«, »Sitze gerade!« … »Mit vollem Mund spricht man nicht!« … Immer und immer wieder sagen Eltern diese Sätze – und haben dabei noch die Stimme der eigenen Eltern im Ohr. Warum denken wir bei »gutem Benehmen« meist zuerst an Tischmanieren? Und warum sind sie uns so wichtig?

Nun, Essen ist eine soziale Angelegenheit. Seit Urzeiten versammeln sich Menschen um das »Lagerfeuer«, um gemeinsam Nahrung zu sich zu nehmen. Und damit hierbei alles möglichst reibungslos abläuft, wurden Regeln festgelegt. Jede Kultur entwickelte ihre eigenen, oft ausgesprochen komplizierten Tischsitten. Wer Zutritt in die Gemeinschaft haben wollte, musste sie beherrschen. Und wer ausgeschlossen wurde, konnte kaum überleben.

Selbst als die Zeiten zivilisierter wurden, behielt der Esstisch eine zentrale Funktion im Umgang der Menschen miteinander. Er war der Kommunikationsmittelpunkt. Und so ganz nebenbei ein Ort des Lernens. Hier wurden nicht nur die neuesten Informationen ausgetauscht, sondern es wurde auch vermittelt, wer welchen Platz in der Gemeinschaft hat, wie man isst, spricht, lebt und lacht, einfach erzogen.

Letzten Endes ist das heute immer noch so. Wenn man Freunde treffen will, lädt man sie zum Essen ein, Besprechungen werden als Arbeitsessen ins Restaurant verlegt, bei Kindergeburtstagen wird immer auch zusammen gegessen – und sei es im Fast-Food-Restaurant. Und wo trifft die ganze Familie wirklich noch zusammen? Am Esstisch natürlich. Doch wenn die Kommunikation auch in diesem Rahmen wirklich funktionieren soll, muss sich jeder Teilnehmer an gewisse Regeln der Gemeinschaft halten, auch die Kinder.

Beim Essen gibt es reichlich Gelegenheit, aus der Rolle zu fallen. Oder aber, eine gute Figur dabei zu machen. Eltern ist das bewusst, deshalb »nerven« sie ihre Kinder damit. Denn Fremde korrigieren einen in der Regel nicht, sondern denken sich ihren Teil.

Das gemeinsame Essen – schöner Höhepunkt, aber leider oft auch »Kampfarena« des Familienlebens.

Keine Frage des Geschmacks: Tischsitten

Darüber hinaus ist Essen auch etwas sehr Persönliches, ja Intimes, was viel über den einzelnen Menschen, seine Erziehung und Herkunft verrät. Denn komischerweise sind Essgewohnheiten so stark, dass sie immer wieder in Erscheinung treten, selbst wenn im Kopf die aktuellsten Benimmregeln gespeichert sind. Deshalb gehen Personalchefs auch gern mit Bewerbern um hochkarätige Stellen essen. Beim Arbeitsessen kommt man sich außerdem näher als am Konferenztisch. Und auch bei meinen Kindern habe ich manche Entzauberung eines zuvor bewunderten, echt coolen Freundes am Mittagstisch beobachtet.

Die Tafelrunde

Gemeinsame Mahlzeiten sind der Mittelpunkt des Familienlebens. Doch sie werden im Laufe der Zeit seltener: Die zunehmende Berufstätigkeit der Mütter, kurze Mittagspausen, oft verbunden mit längeren Wegen, sowie Nachmittagsunterricht der Kinder machen das tägliche gemeinsame Mittagessen fast unmöglich. Doch in der Regel lässt sich mit etwas gutem Willen wenigstens eine Mahlzeit am Tag finden, die in Ruhe gemeinsam eingenommen wird. Auch das Wochenende kann hier eine entscheidende Rolle spielen.

Basics für den Esstisch der Familie

Ein paar Regeln helfen, die gemeinsame Mahlzeit für alle zum positiven Erlebnis werden zu lassen – ohne große Extraanstrengung der Eltern. Der äußere Rahmen ist die Voraussetzung

Gemeinsam essen findet irgendwann nicht mehr automatisch statt. Sie müssen sich Gedanken darüber machen, wie Sie alle Familienmitglieder an einen Tisch holen können. Aber es lohnt sich, denn eine gemeinsame Mahlzeit hat zahlreiche Vorteile.

DIE TAFELRUNDE

für den Stil, den Ihre gemeinsame Mahlzeit hat. Ich habe beispielsweise wiederholt beobachtet, dass meine Kinder sich von klein auf bei Mahlzeiten im Esszimmer besser benahmen als in der Küche. Nun hat nicht jeder ein Esszimmer, und die Zukunft gehört laut Trendforschung ohnehin wieder der Wohnküche. Aber auch dort können Sie auf einige wirklich wichtige Dinge achten:

➢ Ablenkung und Unterhaltung in Form von Fernsehen, Zeitung, Radio, Discman und Handy haben bei Tisch nichts zu suchen! Das alles sind Kommunikationskiller, die ein Familiengespräch behindern. Außerdem ist die Beschäftigung mit etwas anderem eine Unhöflichkeit gegenüber dem, der gekocht hat.

➢ Auch in der Küche kann der Tisch schön gedeckt sein. Sets

Übrigens: In den USA gab es vor einiger Zeit eine TV-Werbekampagne unter dem Motto »Essen Sie doch mal gemeinsam mit Ihren Kindern«. Psychologen haben herausgefunden, dass Eltern und Kinder dort kaum noch zusammenkommen und miteinander kommunizieren – mit den entsprechenden negativen Folgen.

GEMEINSAM ESSEN – GUT FÜR DIE GANZE FAMILIE

➢ **Mit regelmäßigen gemeinsamen Mahlzeiten wird die Kommunikation zwischen allen Familienmitgliedern aufrechterhalten.**

➢ **Sie können Organisatorisches besprechen, an Termine erinnern, Entscheidungen abstimmen. Verschieben Sie konfliktbeladene Themen jedoch lieber auf ein ausführliches Gespräch zu einem späteren Zeitpunkt, damit keinem der Appetit verdorben wird.**

➢ **Gemeinsames Essen hat etwas sehr Verbindendes und stärkt das »Wir-Gefühl« in der Familie.**

➢ **Die Familientafel ist die beste Gelegenheit, um gute Essmanieren ganz selbstverständlich zu lernen.**

➢ **Auch soziales Lernen ist eng mit der gemeinsamen Mahlzeit verbunden: Kinder lernen bei der Familienmahlzeit zu teilen, Rücksicht zu nehmen und jeden zu Wort kommen zu lassen.**

TISCHSITTEN – MEHR ALS ESSEN & TRINKEN

oder Tischdecke, Servietten, Besteck, Teller und Gläser gehören dazu. Töpfe und Pfannen haben nichts auf der Tafel zu suchen. Ausnahme sind: Tischgrill, Tischwok, Raclettegerät. Eine Kerze oder eine kleine Blumenvase kann Wunder wirken. Es macht nicht viel Mühe, den Alltagstisch hübsch zu decken: Auch abwaschbare Tischsets und Papierservietten machen schon was her. Vielleicht wechseln Sie sich auch wochenweise beim Tischdecken ab, und jeder entwickelt seinen eigenen Stil …

Wenn Kleinkinder beim Tischdecken mithelfen, sollten wir sie nicht durch allzu großen Perfektionismus entmutigen.

➤ Ich finde Tellergerichte für den Familientisch ungünstig. Denn dann muss immer einer aufstehen, um die Teller am Herd zu füllen. Das bringt Unruhe und ist einfach ungemütlich. Schüsseln, Auflaufformen oder Platten herumzureichen ist ein verbindendes Element. Sich gegenseitig bedienen – das tut gut. Außerdem lernen Kinder so am besten, ihren Hunger richtig einzuschätzen und nur so viel zu nehmen, wie sie auch wirklich essen können und mögen.

Am liebevoll dekorierten Tisch schmeckt auch im Alltag alles besser.

➤ Jedes Familienmitglied sollte seinen Stammplatz haben. Das gibt Sicherheit, vermeidet Streitereien und richtet sich oft nach praktischen Aspekten.

➤ Richten Sie den Essplatz möglichst in einer hübschen Ecke ein, und achten Sie darauf, dass er allen Familienmitgliedern genug Armfreiheit bietet. Die Kleinsten sind am besten in Kinderstühlen untergebracht, die sich immer wieder der Größe des Kindes anpassen lassen. Für ältere Kinder bringt ein Kissen auf dem Stuhl die richtige Sitzhöhe.

➤ Auch wenn es komisch klingt: Die richtige Beleuchtung spielt für Stimmung und Manieren eine große Rolle. Das Licht sollte hell genug sein, dass man ausreichend sieht, aber auch Gemütlichkeit verbreiten und nicht blenden.

Vor dem Essen: Händewaschen nicht vergessen

Das ist immer noch aktuell – Krankheiten werden mehr denn je über Hände übertragen. Es gibt also hygienische Gründe fürs Händewaschen. Doch darüber hinaus erfordert es auch die Rücksicht auf die anderen. Eine gemeinsame Mahlzeit ist etwas, bei dem sich jeder ein bisschen Mühe geben sollte, appetitlich bei Tisch zu erscheinen. Schließlich haben sich Vater oder Mutter auch Mühe gegeben, den Tisch zu decken und etwas Gutes zu kochen. Also, wenn's nötig ist, auch noch das Gesicht waschen und über die Haare fahren. Und bitte nicht im Hochsommer mit nacktem Oberkörper oder im Unterhemd zum Essen hinsetzen!

Gemeinsam beginnen, gemeinsam enden

Unser ältester Sohn regte sich mit etwa 13 Jahren furchtbar über unser spießiges Mittagessen auf und schwärmte von den Familien mehrerer Freunde, wo jeder sich spontan am Kühl-

Haben Ihre Kinder schon einen netten Tischspruch aus dem Kindergarten mitgebracht oder erfunden? Vielleicht versuchen Sie es sonst mal mit dem folgenden: »Piep, piep, piep, wir hab'n uns alle lieb. Jeder esse, was er kann, nur nicht seinen Nebenmann.«

TISCHSITTEN – MEHR ALS ESSEN & TRINKEN

schrank bediente. So nach und nach fand er aber heraus, dass die Gemütlichkeit dabei auf der Strecke bleibt. Wenn jeder kommt und geht, wie er will, findet keine Gemeinsamkeit mehr statt. Abgesehen davon, dass Essen aufgewärmt, warm gehalten oder kalt gegessen werden muss. Also: Erst wenn alle bei Tisch sitzen, wird angefangen. Und wenn der letzte Esser fertig ist, wird die Tafel aufgehoben. Davon profitieren gerade die Kinder.

Ein Ritual hilft, diese Regel zur Selbstverständlichkeit werden zu lassen. Wenn es nicht das gemeinsame Tischgebet ist, dann vielleicht ein Spruch. Allerdings sollte ein solches Ritual dem Familientisch mit Kindern vorbehalten sein. Denn in der Öffentlichkeit ist »Guten Appetit« ebenso verpönt wie der übliche Bürogruß: »Mahlzeit«.

Und wenn die Jüngsten zappelig werden? Bei einer normalen Familienmahlzeit kann man von ihnen erwarten, bis zum Ende des Essens dabeizubleiben. Und dann beim Abräumen zu helfen. Bestehen Sie in jedem Fall darauf, dass die Kinder fragen, ob sie schon aufstehen dürfen. Damit stecken Sie den Rahmen für die Gemeinsamkeit ab. Schließlich dauert ein Essen meist nicht länger als 20 Minuten. Wenn Ihr Kind gegen das Sitzenbleiben meutert, lassen Sie es auf die Uhr schauen und mal mit der Zeit vergleichen, die es ganz geduldig vor dem Fernseher oder Computer sitzt ...

Voraussetzung für das gemeinsame Essen ist Pünktlichkeit. Manchmal fällt das Grundschülern schwer: Abenteuer müssen auf dem Heimweg bestanden werden, beim Bäcker gibt es saure Zungen, oder man lädt sich ganz spontan (siehe Seite 85f.) bei einem Freund zum Essen ein. Legen Sie gemeinsam mit der ganzen Familie die Essenszeiten fest. Dann muss sich aber auch jeder daran halten – oder sich rechtzeitig abmelden.

Führen Sie langwierige Gespräche unter Eltern lieber am späteren Abend, um die Geduld Ihrer Kinder beim Essen nicht übermäßig zu strapazieren.

Was auf den Tisch kommt, wird aufgegessen?

Keiner wünscht sich die Zeit zurück, wo Kinder um jeden Preis aufessen mussten – egal, was auf den Tisch kam. Doch heute sieht unser Esstisch manchmal aus wie eine indonesische Reistafel, weil jeder seine Extrawurst bekommt. Und beim Kindergeburtstag bleiben voll beladene Kinderteller stehen. Das geht so weit, dass selbst erwachsene Männer sogar bei Einladungen die Salatbeilage nicht runterkriegen (peinlich bei Tellergerichten). Wo beginnt nach dem Diktat der Eltern die Tyrannei der Kinder? Machen Sie Kompromisse, aber geben Sie nicht auf:

➤ Wenn ein Erwachsener einem Kind zu viel auf den Teller häuft, muss es das nicht aufessen. Aber was es sich selbst nimmt, sollte es auch bewältigen. Üben Sie mit Ihrem Kind das nötige Augenmaß. Ist es schon in der Schule, sollte es seinen Appetit einschätzen können. Geben Sie ihm reichlich Chancen zu lernen, lassen Sie Ausnahmen zu. Aber wenn Sie merken, dass Ihr Kind immer wieder volle Teller stehen lässt, müssen Sie konsequent sein. Notfalls wird das Mittagessen abends noch mal aufgewärmt. Was anderes gibt es dann natürlich nicht.

➤ Manche Kinder können ganz schön konservativ sein – frei nach dem Motto: »Was der Bauer nicht kennt, das isst er nicht«. Das ist normal. Psychologen führen das auf ein gesundes Misstrauen gegenüber Unbekanntem zurück. Instinkte in Ehren – aber wenn Kinder beginnen, der übrigen Familie einen Speisezettel aus Spaghetti und Bratkartoffeln zuzumuten, dann wird aus Toleranz der Eltern Terrorismus des Kindes! Machen Sie

Schnelle Selbstbedienung am Kühlschrank mag gerade Jugendlichen praktisch und angenehm erscheinen. Das Familienleben bleibt dabei aber ganz schnell auf der Strecke.

TISCHSITTEN – MEHR ALS ESSEN & TRINKEN

ein Abkommen: Ihr Kind muss alles probieren. Wenn es ihm nicht schmeckt, muss es davon nicht mehr nehmen. Aber das nächste Mal wird wieder probiert. Die Chance, dabei durch Wiederholung auf den Geschmack zu kommen, ist groß.

➢ Schränken Sie Ihren Speisezettel nicht zu sehr ein. Jeder darf einmal einen Essenswunsch äußern, vielleicht sogar in regelmäßigem Wechsel. Nur so hat Ihr Kind die Chance, Neues kennen zu lernen und sein Repertoire zu erweitern. Und gesünder ist so eine abwechslungsreiche Kost sowieso.

➢ Negative Vorbilder beeindrucken Kinder mehr als positive. Wenn Vater Fisch ablehnt, isst Junior ihn gewiss auch nicht. Da hilft es gar nichts, wenn die Mutter Fisch liebt! Seien Sie also Ihrerseits mit Ablehnung zurückhaltend. Zeigen Sie Ihrem Kind, dass man auch etwas essen kann, wenn man es nicht so gerne mag.

➢ Andere Kinder, Ferienaufenthalte oder Besuche können verhärtete Essfronten aufbrechen und Kinder auf den Geschmack bringen. Neugier, Futterneid und Gruppendynamik machen's möglich!

> **Noch ein Tipp:** Jeder darf zwei Gerichte abwählen, die ihm absolut nicht schmecken. Das gibt Kindern das Gefühl, mitbeteiligt zu sein, und ist die beste Antimeckerstrategie.

Und was gibt's zum Essen zu trinken?

Als ich Kind war, galt es noch als unpassend für Kinder, zum warmen Essen zu trinken. Heute ist es ein Muss! Denn Kinder trinken zu wenig, und es fällt ihnen leichter zu essen, wenn sie zwischendurch trinken dürfen. Außerdem sollte ein Kind lernen, zum Essen auch manierlich zu trinken. Dazu gehört, erst das Glas an die Lippen zu setzen, wenn man kein Essen mehr im Mund, sondern alles heruntergeschluckt hat. Am besten, Sie bieten zur warmen Mahlzeit Wasser als Getränk an. Das löscht am besten den Durst und ist geschmacklich neutral. Außerdem macht es nichts, wenn mal ein Wassertropfen danebengeht.

Zwischendurch essen nimmt den Appetit

Zwischenmahlzeiten sind für Kinder gesund, wenn es tatsächlich dabei nur ums zweite Frühstück und um ein kleines Vesper nachmittags geht. Doch wenn Ihr Kind beim kleinsten Hunger einen Joghurt, einen Riegel oder ein Schnittchen bekommt, wenn es frei nach Geschmack den Kühlschrank plündert, dann kann es zur Hauptmahlzeit gar keinen Appetit haben. Es mag nur wenig essen – und hat bald wieder Hunger. Ein Teufelskreis, bei dem die gemeinsamen Mahlzeiten zu kurz kommen und irgendwann überflüssig sind.

Das Richtige für den kleinen Hunger zwischendurch: frisches Obst.

Keines unserer Kinder ist so verhungert, dass man ihm eine kleine Wartezeit nicht zumuten könnte. Eine Stunde vor der Mahlzeit sollte nichts mehr gegessen werden. Das gebietet schon die Höflichkeit dem gegenüber, der gekocht hat. Und wenn Ihr Kind hungrig wie ein Wolf aus der Schule kommt und bis zum Essen eine Stunde warten muss? Dann geben Sie ihm etwas Obst, eine Karotte, eine Gurkenscheibe oder andere Rohkost, die vielleicht ohnehin gerade beim Kochen abfällt. Das ersetzt die Vorspeise, stillt den schlimmsten Hunger und nimmt nicht den Appetit. Dabei sollten Sie unbedingt konsequent bleiben! So erhalten Sie nicht nur die gemeinsame Mahlzeit, sie verhelfen Ihrem Kind auch zu einem gesunden Essverhalten. Und zu dem köstlichen Gefühl, richtig mit Kohldampf zu essen – dann schmeckt es nämlich am besten.

Das Essverhalten, das Ihr Kind zu Hause lernt, wird es wahrscheinlich sein ganzes Leben lang beibehalten.

Meckern gilt nicht

Eine Umfrage des Iglo-Forums ergab, was alle Mütter längst wissen: Kinder meckern am meisten am Essen herum. Die erste Frage, wenn ein Kind nach Hause kommt, ist meist: »Was gibt's?« Wenn es allen schmeckt, ist das Glück perfekt. Aber Ablehnung oder Meckerei verletzt. Und die Mutterrolle macht es besonders schwer, so eine Ablehnung nicht persönlich zu nehmen. Schließlich ist Kochen für die Lieben kein Job, sondern Überzeugungstat: Liebe geht durch den Magen, Kritik trifft ins Herz. Haben Sie den Mut, sich beim gemeinsamen Essen Meckerei zu verbitten. Denn das zeigt wenig Achtung vor der Arbeit des »Kochs« und ist einfach unerzogen. Umso schöner ist es, wenn Kinder sich auch zu Hause fürs Essen bedanken und sagen, wenn es ihnen besonders gut geschmeckt hat. Das gilt übrigens auch für andere Erwachsene bei Tisch. Und natürlich darf jeder am Tisch seine Wünsche für die nächsten Mahlzeiten äußern.

Ab wann sind Kinder Mitglied der Tafelrunde?

Sobald Kinder im Kindersitz selbstständig sitzen können, wollen und können sie am Familienessen teilnehmen. Das ist ungefähr im Alter von 10 bis 12 Monaten der Fall, wenn auch ihr Verdauungsapparat der Familienkost langsam gewachsen ist. Anfangs weichen allerdings in der Regel die Esszeiten von Kleinkindern und übriger Familie so voneinander ab, dass es eher beim Dabeisitzen und Probieren bleibt.

Natürlich gelingt das appetitliche, sichere Essen nicht auf Anhieb. Aber verlangen Sie auch von Ihrem kleinen Kind ein Minimum an Benimm, lassen Sie sich nicht provozieren. Sobald es anfängt, Besteck durch die Luft zu werfen, die Serviette ständig durch die Luft segeln zu lassen oder den Tellerinhalt großzügig in der

Zeigen Sie auch kleinen »Essanfängern« deutliche Grenzen: Dass beim Üben was daneben geht, ist völlig akzeptabel. Aber bei Provokationen hört die Toleranz auf.

Umgebung zu verteilen, müssen Sie es erst einmal vom gemeinsamen Essen ausschließen und vorher »abfüttern«. Dann wird es sich sehr schnell um eine Wiederaufnahme an die Familientafel bemühen.

Tischmanieren: die Kunst, appetitlich zu essen

Gute Tischmanieren sind also nicht nur im Restaurant gefragt. Wie man so isst und trinkt, dass man für andere dabei einen appetitlichen Anblick bietet, das lernt man zu Hause, im Alltag. Nur dann geht einem die Haltung, der Gebrauch von Messer und Gabel, die Selbstbeherrschung in Fleisch und Blut über. Je früher, desto besser. Allerdings: Der Spaß am Essen, der Genuss sollte dabei nicht zu kurz kommen. Seien Sie geduldig mit ihren Kindern: Es ist noch kein Meister vom Himmel gefallen.

Je nach Land und Kontinent können aber die Vorstellungen über gute Tischmanieren sehr unterschiedlich sein. In England legt man die Hand beim Essen in den Schoß, keinesfalls auf den Tisch, und der Löffel wird quer in den Mund geschoben, in China schlürft man die Suppe mit Hilfe von Stäbchen aus der Schale in den Mund, und in Indien ist es selbstverständlich, mit den Fingern zu essen. Wenn Sie Ihrem Kind Benehmen am »deutschen Tisch« beibringen, vermitteln sie ihm gleichzeitig, dass es in anderen Ländern durchaus andere Sitten gibt, wie es vielleicht im Urlaub selbst einmal beobachten kann. Und dass sich deshalb Menschen aus dem Ausland unter Umständen auch anders als wir, aber deswegen noch lange nicht schlechter benehmen. So vermitteln Sie Ihrem Kind auch gleich ein Verständnis für andere Kulturen.

Andere Länder, andere Tischsitten: Während bei uns gern aufgegessen werden darf, signalisiert der leere Teller in den USA und arabischen Ländern Appetit auf mehr. Wenn Sie nichts mehr essen möchten, lassen Sie dort einen kleinen Rest auf dem Teller, sonst werden ihn die Gastgeber immer wieder aufs Neue füllen ...

TISCHSITTEN – MEHR ALS ESSEN & TRINKEN

Basics: Grundlagen einer angenehmen Tischrunde

Sicher: Die Queen würde selbst im größten Gedränge am Bistrotisch noch in perfekter Haltung ihren Lunch einnehmen. Aber das wollen wir von unseren Kindern nicht erwarten. Also müssen wir dafür sorgen, dass der Essplatz den Maßen und Bedürfnissen eines Kindes entspricht.

Sein Sitz sollte so hoch sein, dass die am Körper angewinkelten Ellenbogen auf Höhe der Tischplatte sind. Gut, wenn durch einen Kindersitz die Füße des Kindes gleichzeitig Halt bekommen. Links und rechts sollte ein Kind genug Armfreiheit haben. Wie viel Platz das ist, finden Sie heraus, wenn Ihr Kind die Hände faltet und dabei die Unterarme auf den Tisch legt.

Der Stuhl sollte eine gerade, bequeme, nicht zu weiche Sitzfläche haben und keine störenden Armlehnen.

Wenn Ihr Kind beim Essen gar nicht stillsitzen kann, sollten Sie darüber nachdenken, ob die Sitzgelegenheit seinen Bedürfnissen entspricht.

Haltung bewahren

Entscheidend ist die gerade Haltung. Und sie bleibt beim Essen so. Deshalb sollte der Abstand zum Tisch nicht zu groß sein: etwa eine Erwachsenenhand breit. Höchstens der Kopf wird dem Bissen leicht entgegengeneigt. Keinesfalls den Mund zum Löffel oder zur Gabel führen, sondern den Löffel bzw. die Gabel zum Mund. Bei Suppe gar nicht so einfach …

Während des Essens dürfen weder Ellenbogen noch Unterarm auf dem Tisch aufliegen. Allenfalls darf der Unterarm in kleinen Essenspausen die Tischkante berühren oder auf ihr lehnen. Auch den Kopf auf die Hände aufzustützen ist am Esstisch nicht gestattet. Besonders häufig sehe ich bei sonst sehr manierlichen Kindern (und Erwachsenen), dass der linke Unterarm vor dem Körper liegt und mit rechts gegessen wird. Das sieht leider ziemlich unschön aus und verführt dazu, mit der rechten Hand etwas schlampig das Essen »einzufahren«, den Kopf halb über dem Teller. Also: Wenn mit einer Hand gelöffelt wird, gehört die andere wie ein Katzenpfötchen auf den Tisch – allerdings höchstens bis zum Handgelenk. Unter dem Tisch haben die Hände beim Essen nichts zu suchen. Wahrscheinlich rührt dieser Brauch aus dem Mittelalter, als die Hände auf dem Tisch Waffenfreiheit garantierten. Das alles hört sich sehr kompliziert an und gelingt natürlich nicht auf Anhieb. Aber es reicht schon, wenn sich Ihr Kind bemüht und Sie es ihm immer wieder richtig vormachen. Der Rest kommt von allein.

> Als kleines Kind hatte ich nicht nur einen kleinen breiten Löffel und eine ebensolche Gabel. Es gab auch einen so genannten Schieber, der die Rolle des Messers einnahm, bevor ich selbst schneiden konnte. Wenn Sie ein solch praktisches Teil finden, geben Sie es ruhig Ihrem Kleinkind.

Das richtige Besteck für kleine Hände

Kleinkinder haben noch ganz andere Proportionen als Erwachsene. Deshalb ist es sinnvoll, ihnen Kinderbesteck zu schenken. Es gibt die XS-Größe fürs erste Lernen bis ins Kindergartenalter. Für 4- bis 5-Jährige ist dann ein Kinderbesteck mit richtigem Messer sinnvoll. Mit 8 bis 9 Jahren sind Kinderhände in der Regel groß genug, um gut mit Erwachsenenbesteck umgehen zu können. Es klappt zwar meist schon vorher, nur

EINMAL UM DIE WETTE ESSEN ...
Machen Sie gute Tischmanieren ruhig auch mal zu einem fröhlichen Wettbewerb für alle. Warum nicht mal jedes Familienmitglied mit Video beim Essen filmen? Mit richtig schwierigen Aufgaben wie Spaghetti- oder Grapefruit essen? Danach schauen sich alle das Video an. Das gibt mit Sicherheit einige Lacher, aber auch ein eigenes Bewusstsein: Wie sehe ich beim Essen eigentlich aus?

TISCHSITTEN – MEHR ALS ESSEN & TRINKEN

lassen Geschicklichkeit und Eleganz noch zu wünschen übrig. Außerdem lieben Kinder es, ihr eigenes Besteck zu haben, und sind stolz darauf.

Das Besteck wird in der oberen Hälfte angefasst, also nicht direkt oberhalb von Zinken oder Schneide. Im Eifer des Gefechtes rutscht die Kinderhand nämlich gern immer weiter nach unten, bis sie ins Essen tunkt. Das Messer gehört in die rechte Hand, die Gabel in die linke (bei Linkshändern umgekehrt). Die Gabel wird umgekehrt ins Fleisch gespießt und hält das Stück Fleisch, wenn es geschnitten wird. Dann führt sie den Happen in den Mund und wird dabei ein wenig gedreht. Es gehört sich nicht, erst zu schneiden, dann das Messer wegzulegen und mit der Gabel in der Rechten weiterzuessen. Das Messer dient vielmehr auch dazu, das Essen auf die Gabel zu schieben. Wer aufgegessen hat, legt sein Besteck parallel schräg über den Teller. Gekreuztes Besteck signalisiert nämlich: Ich habe noch Hunger. Und wenn wirklich ein Besteckteil nicht mehr gebraucht wird? Einfach flach neben den Teller legen.

Niemals das Messer ablecken oder in den Mund stecken! Gabel und Löffel nicht fast verschlucken! Beide nicht quer, sondern mit der Spitze voraus in den Mund schieben.

Kleinkindlöffel sind deshalb manchmal gebogen, um dem Kind, das im Vergleich zum Erwachsenen noch verhältnismäßig kurze Gliedmaßen hat, das Löffeln zu erleichtern.

Die Serviette

Ganz ohne Serviette geht es nicht. Selbst Erwachsene müssen sich nach dem Essen den Mund abwischen. Und bei Kindern geht doch eher etwas daneben. Bei den Kleinsten ist ein Lätzchen angebracht. Doch spätestens im Kindergartenalter ist eine

Jedes Familienmitglied sollte seinen Stammplatz haben, das macht den täglichen Ablauf leichter und gibt Sicherheit. Eine Art Markierung sind die persönlichen Serviettenringe.

TISCHMANIEREN: DIE KUNST, APPETITLICH ZU ESSEN

Serviette fällig, und zwar am besten eine aus Stoff. Alte Servietten aus Großmutters Wäscheschrank sind ideal: Die haben Kingsize. Denn in diesem Alter reicht es noch nicht, die Serviette nur auf den Schoß zu legen, da rutscht sie ohnehin gleich herunter. Also am besten wie bei Wilhelm Busch um den Hals legen und mit einer kleinen Klammer hinten zusammenhalten. Oder – viel eleganter – mit einem Klammerkettchen um den Hals hängen. Das ist praktisch und absolut so, wie es sein sollte. Irgendwann erübrigt sich dann der Brustschutz, und die Serviette liegt bei den Kindern ebenso wie bei den Erwachsenen auf dem Schoß. Noch ein Wort zum Material: Stoffservietten gelten immer noch als eleganter. Im Alltag sind sie wohl arbeitsaufwändiger, aber auch sinnvoll, denn von Kindern werden sie häufig strapaziert. Und wenn jeder seinen persönlichen Serviettenring hat, gibt's auch keine Verwechslungen. Bei sehr festlichen Essen ist Stoff angesagt, zu Kindergeburtstagen und anderen lockeren Einladungen sind Papierservietten ideal.

Natürlich sind richtige Tischtücher wunderbar – aber sie machen sehr viel Arbeit und sind nicht kleckerfreundlich. Ein Luxus, den Sie sich vielleicht an Festtagen gönnen.

Appetitlich essen

Es ist schon ein Kreuz! Was wir beim Baby noch bejubeln, ist beim Kindergartenkind schon verpönt: Das Bäuerchen wird irgendwann zum Rülpser und gehört nicht an den Tisch! Eigentlich alles, was mit Verdauung und dem Essvorgang selbst zu tun hat, sollte tunlichst unsichtbar, unhörbar und unriechbar(!) sein. Also: Beim Kauen den Mund geschlossen halten und nicht schmatzen. Nicht mit vollem Mund reden. Im Eifer des Gefechtes vergessen das Kinder schnell. Außerdem gibt es die Alberphase mit 5 bis 8 Jahren, in der Kindergruppen, z.B. bei Geburtstagsfeiern, um die Wette rülpsen und einfach alles tun, um aus der Rolle zu fallen. Aber auch das geht vorüber … Und Kleckern? Daraus würde ich

Früher stellte man Kleinkindern den Teller aufs Lätzchen, so dass nichts herunterfallen konnte und das Stillsitzen geübt wurde. Gott sei Dank sind diese Zeiten vorbei!

grundsätzlich keine Affäre machen. Denn wer lernt, appetitlich zu essen, dem geht auch einmal was daneben. Nur wenn Hast, Futterneid und Ungeduld zu kleineren Katastrophen bei Tisch führen, greife ich bei meinen Kindern ein.

Und wenn etwas in den Zähnen stecken bleibt? Am besten ab ins Badezimmer und Zähne putzen oder die Zahnseide gebrauchen. Bei Tisch in den Zähnen zu pulen ist tabu, auch wenn Zahnstocher auf dem Tisch stehen!

Der gedeckte Tisch

Tisch decken, das gehört zu den ersten Hilfsdiensten, die man schon Kindergartenkindern anvertrauen kann. Ganz spielerisch lernen die Kleinen so, was wohin gehört. Zuallererst kommt eine Unterlage auf den Tisch, die wirklich nur beim Essen benutzt wird. Das ist einfach hygienischer, denn der große Esstisch ist gerade in Familien oft der Platz, an dem Schulaufgaben gemacht werden, gebastelt und gespielt wird. Sets sind gerade in Familien mit Kindern ideal. Legen Sie sie direkt auf die Tischplatte oder auf eine abwaschbare, passende Unterlage. Eine weiße Lackdecke sieht toll aus und hat einen großen Vorteil gegenüber Tischdecken aus Stoff: Sie ist abwischbar.

Schon Kindergartenkinder können lernen, ein Gedeck richtig aufzulegen – und Spaß macht ihnen das Tischdecken auch noch!

Das »perfekte« Gedeck

Die Serviette liegt immer links vom Teller. Messer und Gabel können parallel rechts liegen oder Messer rechts, Gabel links. Suppen- und Dessertlöffel liegen meist quer oberhalb des Tellers, Suppenlöffel können aber auch ganz rechts außen liegen, vor allem wenn die Hauptmahlzeit eine Suppe ist oder wenn nur Löffel und Gabel gedeckt werden, etwa für Spaghetti. Grundsätzlich wird bei mehreren Gängen das Besteck von außen nach innen genommen. Auch Gläser sollten immer zum Essen mit auf den Tisch gestellt werden. Sie stehen jeweils rechts oberhalb des Tellers.

Es ist schön, wenn eine Kerze auf dem Tisch steht oder auch einmal Blumen. Doch diese Dekoration darf nicht viel Platz wegnehmen, denn eine Familie braucht auf dem Tisch Raum für Auflaufform, Schüsseln und Platten. Bei festlichen Anlässen können Sie unter den Essteller einen Unterteller decken.

Was sicher nicht auf den Esstisch gehört, ist Spielzeug. Beim Essen geht's ums Essen. Alles andere lenkt ab und ist genauso unhöflich wie die Zeitung bei Erwachsenen.

Achten Sie darauf, dass der Blumen- oder Kerzenschmuck am Tisch so niedrig ist, dass auch Ihre Kinder noch Blickkontakt mit dem Gegenüber haben.

Kinder bei Tisch, stumm wie ein Fisch?

Hoffentlich nicht. Denn wir haben ja schon gesehen: Bei Tisch trifft sich die Familie. Und dort sollte jeder zu Wort kommen. Hier können auch Kinder schon so etwas wie Konversation lernen. Das bedeutet: Jeder kommt zu Wort, jeder darf ausreden, jeder hört zu, jeder ist interessant und wichtig. Sie als Eltern sind so etwas wie die Moderatoren der Unterhaltung. Sie können Themen ansprechen, die die Kinder interessieren, sie anregen,

TISCHSITTEN – MEHR ALS ESSEN & TRINKEN

über ihre Erlebnisse, Enttäuschungen, Kümmernisse und Freuden zu reden. Und natürlich ist hier auch Gelegenheit, Termine, die anliegen, und Beschlüsse, die gefasst werden müssen, zu besprechen. Sicher gibt es auch Dinge, die ein Kind nur unter vier Augen preisgeben möchte. Aber das merken Sie schnell. Bei Tisch können Kinder lernen, nicht zu unterbrechen, sich nicht über einen anderen lustig zu machen, keine Häme zu zeigen (»so blöd in Mathe wie du …«) und die anderen nicht mit endlosen Nacherzählungen von Filmen oder Computerspielen zu langweilen. Und sie lernen auch, dass es Witze gibt, die nicht an den Tisch gehören …

In Frankreich ist es üblich, Kinder auch in gute Restaurants mitzunehmen. Und dort kann man beobachten, dass Kinder sich ganz »erwachsen« benehmen können. Das wird einfach vorausgesetzt.

Essen im Restaurant

Eigentlich gilt alles, was für den Familientisch gilt, auch fürs Restaurant. Nur muss im Restaurant auf noch mehr Menschen Rücksicht genommen werden. Und es gibt Wartezeiten, die an elterlichen Nerven nagen.

Nun ist die Bandbreite an Restaurants enorm, und ich werde Ihnen jetzt keine Maßregeln für Fastfood-Ketten geben. Mir geht

> **OHNE KIND – UND OHNE SCHULDGEFÜHLE**
> **Wenn Sie sich eigentlich lieber mit den Erwachsenen austauschen und Ihr Kind dabei als lästig empfinden (was ab und zu absolut legitim und normal ist), wird es weiter mit Ausdauer stören. Ich finde es dann konsequenter, sich nachmittags Zeit fürs Kind zu nehmen und etwas gemeinsam zu machen, abends aber einen Babysitter zu engagieren und ohne Anhang essen zu gehen.**

es eher um gute Restaurants, in die Kinder immer häufiger mitgenommen werden. Dort gibt es zwar oft Malbücher und Ähnliches, um Kinder ruhig zu halten. Kinder spüren aber ganz genau, wenn sie eher stören und sich die Erwachsenen über ihre Köpfe hinweg unterhalten möchten. Das hat meist zur Folge, dass Malbuch und Bausatz für die Sprösslinge sehr schnell uninteressant werden.

Stattdessen wird im Restaurant getobt, geturnt, Serviettenkonfetti hergestellt, mit Zahnstochern gekokelt, kurz alles unternommen, um Aufmerksamkeit zu erringen. Für die anderen Gäste, die sich auf ein paar genussvolle, entspannte Stunden freuen, kann das ein großes Ärgernis sein. Auch der Restaurantbesitzer, der sich um Atmosphäre bemüht und allen seinen Gästen einen angenehmen Aufenthalt garantieren möchte, wird schwer gestresst sein. In Restaurants des gehobenen Standards sollten Sie von Ihren Kindern gutes Benehmen erwarten, sie aber auch in das Tischgespräch einbeziehen.

Der Langeweile vorbeugen

Müssen Sie sehr lange auf den nächsten Gang warten, gehen Sie mit den Kindern mal kurz an die frische Luft. Sie dürfen sich natürlich auch im Gastraum bewegen, wenn sie Rücksicht nehmen. Aber erlauben Sie kein Fangen, Versteckspiel oder Krabbeln zwischen den Tischen. Bauen Sie schon zu Hause vor, indem Sie vielleicht selbst ein kleines Buch mitnehmen. Oder notfalls einen Walkman mit dem Lieblingshörspiel.

Machen Sie Ihrem Kind klar, dass es im Restaurant Rücksicht auf die anderen Gäste nehmen und etwas Geduld aufbringen muss. Wenn es das nicht kann oder nicht will, dann muss es beim nächsten Mal zu Hause bleiben.

Wenn man sich als Gast auf den Standpunkt stellt: »Wer bezahlt, darf sich alles erlauben«, zeugt das nicht eben von guter Erziehung. Kinder bekommen das sofort mit und nützen es aus.

TISCHSITTEN – MEHR ALS ESSEN & TRINKEN

Wie esse ich was?

Egal, ob zu Hause oder im Restaurant: Der Umgang mit Messer und Gabel will gelernt sein. Es gibt einige Gerichte, die nicht so einfach zu bewältigen sind. Und es gibt welche, die man sogar mit den Fingern essen darf. Vorausgesetzt, das sieht appetitlich aus. Ganz perfekt ist es, wenn bei solchen Gerichten auf jedem Platz eine Fingerschale mit Wasser steht, vielleicht mit einer Zitronenscheibe darin.

Viele Kinder haben großen Spaß daran, bisher unbekannte Speisen auszuprobieren.

Dieses Wasser ist nicht zum Trinken da, sondern zum Baden der Fingerspitzen. Anschließend werden die Finger mit einer Serviette abgetrocknet. Hier ein kleiner Überblick, wie man die am häufigsten vorkommenden kulinarischen Klippen elegant umschifft.

➢ Artischocke

Eingelegte Artischockenherzen werden mit Messer und Gabel gegessen. Wenn die komplette Artischocke serviert wird: Blatt für Blatt abzupfen, in die wahrscheinlich vorhandene Sauce dippen und das fleischige Ende mit den Vorderzähnen abziehen. Am Ende das Heu auf dem Artischockenboden mit dem Messer abkratzen und den so freigelegten Boden als krönenden Abschluss mit Messer und Gabel essen.

➢ Brot oder Brötchen

In »gehobenen« Restaurants steht links oben vom eigenen Teller ein Tellerchen mit einem kleinen Buttermesser. Brot oder Brötchen wird im Korb serviert, Butter oder Schmalz extra dazu gereicht. Und so kommt die Butter stilgerecht aufs Brot: Jeder nimmt sich eine Portion Butter und Brot auf seinen kleinen Teller und streicht sich nicht etwa die Stulle wie zu Hause, sondern pflückt ein mundgerechtes Bröckchen vom Brot ab, streicht Butter oder Schmalz drauf und steckt es appetitlich in den Mund.

➢ Burger
Wird grundsätzlich mit den Fingern gegessen!

➢ Dips: Wie genießt man sie stilvoll?
»Double-Dipping« ist nicht nur in den USA eine Todsünde. Denn meist dippen mehrere Personen in ein und dasselbe Töpfchen. Wenn nun einer sein Möhrchen abbeißt und nochmals dippt, ist das unhygienisch! Also: Wenn es einen Gemeinschaftsdip gibt, nur einmal dippen und aufessen. Oder Dip auf den eigenen Teller tun: Denn dann darf man ruhig auch doppelt oder dreifach dippen!

Silber läuft bei Berührung mit Ei durch den Schwefel an. Deshalb gibt's Eierlöffel aus Perlmutt, Horn oder Plastik und neuerdings auch aus Edelstahl.

➢ Ei – so kommen Sie ihm ganz einfach bei
Es gibt zwei Techniken, das Frühstücksei zu essen, und keine ist falsch. Der Mutige nimmt sein Messer und köpft das Ei im oberen Drittel. Aber das will gelernt sein. Auf Nummer Sicher geht jeder, der das Ei oben mit der Rückseite des Eierlöffels beklopft und dann die Schalensplitter mit den Fingern ablöst.

➢ Fisch
Beim Fisch wird mit Fischmesser und Gabel gearbeitet! Kinder werden Schwierigkeiten haben, einen Fisch ohne fremde Hilfe zu filetieren. Bitten Sie den Ober darum, oder zerlegen Sie den Fisch

Es gibt verschiedene Wege, um an sein Frühstücksei zu kommen ...

für Ihr Kind und zeigen Sie ihm dabei Schritt für Schritt wie es geht. Die einfachste Lösung: Bestellen Sie ihm doch gleich Fischfilets.

➢ Hühnerbein

Wenn eine weiße Papiermanschette dran ist, heißt das: zugreifen, bitte. Und wenn nicht? Nun kann ein Hühnerschlegel üppig sein und Ihr Kind einen kannibalischen Anblick bieten, wenn es richtig zulangt. Deshalb lieber die fleischigen Teile mit Messer und Gabel bewältigen und erst den reduzierten Schlegel in die Hand nehmen. Bitten Sie den Ober um eine Papierserviette.

Flügel sollte Ihr Kind ganz knabbern dürfen – es ist ergiebiger und schmeckt einfach viel besser! Aber auch hier bitte für einen appetitlichen Anblick sorgen.

Ob Fisch, Fleisch, Obst oder exotischere Köstlichkeiten. Bei Unsicherheiten lassen Sie den gesunden Menschenverstand entscheiden – und riskieren vielleicht einen Blick zum Nebenmann ...

➢ Kartoffel

Früher war es tabu, Kartoffeln mit dem Messer zu schneiden. Die Schneide verfärbte sich. Im Zeitalter der Stahlklingen ist das kein Problem mehr. Trotzdem ist es immer noch nicht gern gesehen. Es gibt außerdem einen praktischen Grund, Kartoffeln mit der Gabel zu zerteilen: Sie nehmen einfach besser die Sauce auf. Am besten, wenn man sie zerknetet. Da das nicht so schön aussieht, immer nur eine Gabelportion verkneten, aufessen und dann weiterkneten. Und bitte keine Dämme bauen!

➢ Kirschen

Kirschkernspucken ist ein toller Sport – jedoch nicht bei Tisch! Aber wie den Kern dann loswerden? Ganz einfach: Die linke Hand zur innen offenen Faust formen, sich über den Teller beugen und den Kern sachte durch den Fausttunnel auf den Teller pusten.

➤ Kiwi: Löffeln oder in Stücke schneiden

Ist sie reif und handweich? Dann quer halbieren und mit dem Kaffeelöffel jede Hälfte auslöffeln. Harte Kiwi in Spalten schneiden und wie Äpfel schälen.

➤ Kotelett

Kleine Lammkoteletts dürfen wie Hühnerbeine mit der Hand angefasst und abgeknabbert werden, vor allem wenn sie mit einer weißen Manschette versehen sind. Große Koteletts erst einmal mit Messer und Gabel auslösen. Kinder dürfen dann noch am Knochen nagen.

➤ Krabben

Ein echtes Fingerfood, wenn man sie noch »pulen« muss. Dazu den Kopf in die linke Hand nehmen, den Schwanz gegen den Kopf biegen, bis der Panzer bricht. Dann den Schwanzpanzer vom Fleisch ziehen und dieses vom Kopf trennen.

➤ Kuchen

Trockenen Kuchen, Kleingebäck oder Muffins darf man mit der Hand essen. Besonders hartes, knuspriges Gebäck – denn das springt sonst weg.

➤ Maiskolben essen – Spaß für Kleine und Große

Kinder lieben Maiskolben, weil man sie abknabbern darf. Toll, wenn kleine Maisspießchen bereitliegen, die man an beiden Enden des Maiskolbens einsticht und die man in die Hände nehmen kann. Das klappt auch gut mit einem Holzspießchen. Aber zur Not geht's auch so.

Wenn Sie zum Maiskolbenessen eingeladen sind: Am besten Zahnseide einpacken und nach dem Genuss im Badezimmer die Zähne reinigen ...

TISCHSITTEN – MEHR ALS ESSEN & TRINKEN

➤ Muscheln: Esslektion für Fortgeschrittene

Wenn Miesmuscheln in der Schale serviert werden, ist Handarbeit gefragt. Austern werden Kinder eher selten essen – und diese wenigen Kinder wissen sicher, dass man die Auster aus ihrer Schale schlürfen darf. Miesmuscheln muss man erst mit dem Messer aus der Schale lösen und dann mit der Gabel herauspflücken. Die weiteren Muscheln kann man dann herauszupfen, indem man die erste Muschel als Zange benutzt.

➤ Pizza

Grundsätzlich wird sie mit Messer und Gabel gegessen. Doch die knusprigen Ränder dürfen schon auch als Fingerfood geknabbert werden. Und eine schlicht belegte Pizza Margherita ebenso, wenn sie wie eine Torte in schmale Spalten geschnitten ist.

➤ Pommes

Die dürfen Kinder unter 8 Jahren mit den Fingern essen. Ältere Kinder benutzen die Gabel!

➤ Saucen

Die meisten Kinder lieben Saucen. Zum Aufstippen der Saucenreste entweder wie die Franzosen Brotstückchen abbrechen und in die Sauce tunken. Oder um einen kleinen Löffel bitten. Der Koch wird geschmeichelt sein!

➤ Spaghetti – Lieblingsessen nicht nur für Kleine

Die Gabel wird in die rechte Hand genommen, dann werden zwei bis drei Spaghetti aufgespießt. Profis wickeln nur mit der Gabel gegen den Tellerrand. Unsichere drehen die Spaghetti mit der

---

Schulkinder sollten das Essen (ungeschnittener) Spaghetti appetitlich bewältigen – Vorschulkinder sollten üben dürfen. Dann aber besser ohne Tomatensauce.

Gabel in den Löffel (was keineswegs die feine italienische Art ist, Spaghetti zu essen, wie fälschlicherweise viele Leute glauben), führen, führen dann aber die Gabel ohne den Löffel zum Mund. Spaghetti vom Teller zu schlürfen ist schlechter Stil. Spaghetti klein zu schneiden ebenfalls.

➢ Spareribs

Spareribs sollten fein säuberlich voneinander getrennt serviert werden. Dann aber dürfen sie von Kindern und Erwachsenen in die Hand genommen und säuberlich abgeknabbert werden – anders geht es ja auch kaum.

➢ Spieße

Auf keinen Fall sollte man Aufgespießtes direkt vom Spieß knabbern. Sondern den Spieß in die Linke nehmen, diesen schräg auf den Teller aufsetzen und mit der Gabel Stück für Stück vom Spieß auf den Teller schieben. Danach die einzelnen Happen mit Messer und Gabel essen.

Kleine Kinder können mit Spießen kaum umgehen, so dass ein Erwachsener den Spieß entfernen sollte.

➢ Suppe

Sie verführt zum Schlabbern und Schlürfen. Aber der Suppenlöffel sollte zum Mund geführt werden und nicht umgekehrt. Und die Reste? Dünne Suppen in Tassen dürfen ausgetrunken werden. Um dicke Suppen bis zum letzten Rest genießen zu können, darf der Teller zum Auslöffeln auch etwas geneigt werden.

➢ Torte

Ebenso wie alle cremigen Teilchen und Kuchen wird auch Torte immer mit der Kuchen- oder Dessertgabel gegessen.

RUND UMS EINLADEN

Freundschaften zu schließen, einen Freundeskreis und später eine Clique zu haben, die beste Freundin, der Kumpel – das alles ist für Kinder lebenswichtig. Es schafft die Grundlagen für Beziehungsfähigkeit, macht das Leben farbig und stärkt die eigene Persönlichkeit. Sie als Eltern können das fördern, die Bedingungen dafür schaffen. Als Familie gemeinsame Freundschaften zu pflegen stärkt die familiären Strukturen. Und Gastlichkeit in der eigenen Familie macht Kinder ganz selbstverständlich mit gesellschaftlichen Spielregeln vertraut. Denn ganz gleich, ob bei spontanen Besuchen oder Kinderfesten: Ein kleiner Gast, der sich gut benimmt, ist besonders willkommen und merkt das auch. Die Mühe lohnt sich also doppelt und dreifach.

Nutzen Sie die Kindergartenzeit: Es liegt in dieser Zeit bei Ihnen, welche Freundschaften Sie fördern, Ihr Kind braucht dabei noch Ihre Unterstützung. Diesen Trumpf sollten Sie nicht aus der Hand geben.

Gastfreundschaft im Alltag üben

Es liegt in unserer Hand als Eltern, unser Haus oder unsere Wohnung für die Freunde der Kinder zu öffnen. Wir schaffen damit die Voraussetzungen für die Freundschaften unserer Kinder. Und behalten dadurch auch Einfluss auf seinen Umgang, wissen, mit wem unser Kind eigentlich zusammen ist. Aber wie weit geht die Großzügigkeit, wann fühlen Eltern sich ausgenützt und gestresst vom Kinderbesuch? Die Mitte zu finden ist nicht einfach.

Gieß Wasser in die Suppe ...

Kindergartenkinder lieben es, sich gegenseitig zum Mittagessen zu besuchen. Und Mütter schätzen es, sich auf diese Weise auch mal abzuwechseln. Gerade im Zeitalter der Einzelkinder ist die Erweiterung der Mittagsrunde eine Bereicherung: In Gesellschaft schmeckt es einfach besser. Ermutigen Sie Ihr Kind deshalb,

Gast sein und Gäste zu haben ist wunderschön – wenn man einige Regeln dabei berücksichtigt.

RUND UMS EINLADEN

Freunde zum Essen einzuladen. Knüpfen Sie Beziehungen zu anderen Müttern. Fragen Sie die Kindergärtnerin, mit wem Ihr Kind besonders harmoniert, lernen Sie seine Freunde kennen. Wichtig: Klären Sie die Eckdaten mit der Gegenmutter, Kindergartenkinder sind mit der Organisation der Besuche noch überfordert.

Schulkinder entwickeln dagegen oft sehr spontane Initiativen. Auf einmal stehen drei Kinder statt einem vor der Tür. In diesem Fall müssen Sie tatsächlich Wasser in die Suppe gießen. Und etwas mehr Brot auftischen. Bitten Sie aber die Überraschungsgäste ihrerseits, zu Hause anzurufen und Bescheid zu sagen. Ich gebe meinen Kindern gern das Gefühl, dass sie jederzeit Freunde mit nach Hause bringen können. Das macht sie sicher, und ich bekomme viel mehr von ihnen mit.

Und wenn meine Kinder sich woanders einladen? Nun, ab und zu erlaube ich das gern – wenn ich informiert werde, die andere Mutter wirklich (!) einverstanden ist und ich nicht stundenlang mit dem Essen vergebens warten muss. Aber zur Dauereinrichtung möchte ich das nicht werden lassen: Dazu ist mir die gemeinsame Mahlzeit zu wichtig.

Übernachtungsgäste: Platz ist in der kleinsten Hütte

Auch das Übernachtungsfieber bricht meist in der Kindergartenzeit aus. In jedem Fall sollte die Übernachtung unkompliziert sein und die Gastfamilie nicht belasten: Schlafsack und Isomatte sind für alle die einfachste Lösung. Und je enger es im Kinderzimmer wird, desto gemütlicher. Ziehen Sie dort die Grenze, wo Sie sich überfordert fühlen. Sobald Ihr Kind in die Schule kommt, müssen Sie ohnehin die Übernachtungen aufs Wochenende verschieben, denn Ihr Kind sollte ausgeruht in die

---

Es ist eine große Leistung, wenn ein Kindergartenkind ganz unkompliziert zum Übernachten bei Freunden unterschlüpft. Aber respektieren Sie auch, wenn Ihr Kind das nicht so mag.

Schule gehen. Positiv ist die Möglichkeit, auf diese Weise auch einmal ein Wochenende ohne Kinder verbringen zu können, was allen Eltern gut tut. Doch achten Sie darauf, dass auf Besuche auch Gegenbesuche folgen. Denn zwischen Müttern ist es üblich, dass man sich für Entgegenkommen mit eigenem Engagement revanchiert.

Nachmittags allein zu Haus

»Ich weiß gar nicht, was ich meinen Freunden bieten soll«, meinte mein Sohn Magnus sehr sorgenvoll mit etwa 9 Jahren. Denn so ohne Fernseher und Computer in einer Stadtwohnung muss man sich schon überlegen, wie der Nachmittag zu füllen ist. Kleineren Kindern hilft dabei Anregung und Unterstützung der Eltern. Es ist nicht nötig, ein Rundumprogramm zu bieten. Aber ein paar Spielideen in petto, Tee und Gebäck oder Apfelscheibchen, ein altes Fotoalbum, ein Puzzle können Kinder über die Beschäftigungskrise hinweghelfen. Die älteren möchten dagegen in erster Linie in Ruhe gelassen werden. Aber was ist, wenn beide Eltern außer Haus berufstätig sind? Vielleicht lässt sich dann für einen bestimmten Nachmittag ein »Spielsitter« engagieren, der nicht nur Ihr Kind, sondern auch seine Freunde beaufsichtigt. Oder Sie laden die Freunde, die Ihr Kind in der Woche besucht, am Wochenende ein. Nur so kann es sich auf Dauer einen Freundeskreis aufbauen.

Mit Schmuddelkindern spielt man nicht?

Tja – ein schwieriges Thema. Einerseits ist die Ausgrenzung von Menschen anderer Sozialschichten nicht fair. Andererseits kön-

Ein aufregendes Erlebnis für kleine Abenteurer: ohne Mama und Papa bei Freunden zu übernachten.

Auch wenn Ihr Kind schon manchmal alleine zu Hause bleibt, sollten Sie beim Besuch neuer Spielkameraden aus Sicherheitsgründen unbedingt anwesend sein.

nen »falsche« Freundeskreise Ihr Kind so stark beeinflussen, dass Sie den Zugang zu ihm verlieren. Doch Sie werden Ihr Kind nicht unter einer Glocke großziehen können: Es wird in seinem Leben mit Menschen aller Rassen und Klassen konfrontiert werden und mit ihnen umgehen müssen. Wichtig ist vor allem, dass Sie seine Freunde kennen. Und dass es sich darauf verlassen kann, dass Sie ihnen grundsätzlich offen und positiv gegenübertreten. Bei einem einzelnen Freund spielt Charakter und Wesen eine größere Rolle als gesellschaftliche Zugehörigkeit. Trotzdem spricht nichts dagegen, dass Sie Freundschaften zu Familien, die Sie schätzen, fördern. Denn gemeinsame Freunde sind für Eltern und Kinder eine Bereicherung. Auch Freundschaften zu Kindern, deren Einfluss auf Ihr Kind Sie als positiv empfinden, sollten Sie ungeniert, aber diplomatisch unterstützen. Wenn Ihr Kind ins Cliquenalter kommt, sind solche Strukturen nämlich sehr hilfreich und geben ihm Rückenstärkung.

> **Bei einem einzelnen Freund spielt Charakter und Wesen eine größere Rolle als gesellschaftliche Zugehörigkeit. Das hat uns Erich Kästner mit »Pünktchen und Anton« eindrücklich gezeigt.**

Der Kindergeburtstag

Wer als Kind gelernt hat, Geburtstagsfeste zu feiern, Gäste einzuladen und schöne Familienfeste mitzuerleben, den wird das in seinem weiteren Leben begleiten. Feste sind Sternstunden, in denen sich Menschen von ihrer besten Seite zeigen. Sie wirken verbindend für eine Familie, denn geteilte Freude ist doppelte Freude. Gastgeber zu sein, das macht Ihr Kind vielleicht ein bisschen verlegen, aber auch stolz. Es gehört zum großen Schatz an schönen Kindheitserinnerungen, den ich meinen Kindern gerne mitgeben möchte. Natürlich sind die Vorbereitungen mühevoll. Doch an meinen heranwachsenden Kindern sehe ich, dass tatsächlich nur die positive Erinnerung zurückbleibt.

DER KINDERGEBURTSTAG

Die Einladung

Eine schriftliche Einladung zu gestalten macht Spaß und ist notwendig, denn Kinder sind noch zu vergesslich, um mündliche Einladungen zu behalten. Außerdem können Sie auf der Einladung gleich die Adresse und Telefonnummer vermerken. Sie geben den zeitlichen Rahmen vor – bei Kleinkindern höchstens 2 Stunden, bei Kindergartenkindern 3 bis 4 Stunden und bei Schulkindern in der Woche 4 bis 5 Stunden. Sie können mit kleinen Ankündigungen die Vorfreude wecken (»… wir machen ein Geländespiel … eine Schatzsuche … ein Quiz«) und organisatorische Hinweise geben wie: »Turnschuhe einpacken« oder »in wetterfester Kleidung kommen«. Sie können um Abholung bitten oder die Eltern gleichzeitig zu einem Glas Sekt oder Ähnlichem willkommen heißen. Das ist gerade bei kleinen Kindern ausgesprochen nett und ein Bonbon für die Erwachsenen. Vor allem können Sie um Antwort bitten: »Sag mir bitte Bescheid, ob du kommen kannst«.

Die Einladung sollte unbedingt immer alle 6 Ws beantworten: WER, WAS, WANN, WO, WIE, WARUM. Die Anrede sollte wie die Unterschrift bei Schulkindern mit der Hand geschrieben werden, das ist persönlicher und höflicher. Laden Sie nicht zu lange im Voraus ein, das übersteigt die zeitliche Vorstellungskraft eines Kindes. Feiern Sie an Wochentagen, dann reicht eine Woche vorher. Findet das Fest am Wochenende statt, sollten Sie zwei Wochen zuvor einladen.

Wie Sie die Einladung gestalten, bleibt Ihnen und Ihrem Kind überlassen. Kleinere können noch nicht selbst schreiben, mögen aber bas-

Auch wenn es Arbeit macht, lassen Sie die Freude am Vorbereiten nicht zu kurz kommen. Kleine Gäste merken sehr schnell, wenn uns Erwachsenen Lust, Laune und Mut fehlt.

Eine altersgerecht gestaltete Einladung weckt Vorfreude beim Geburtstagskind und den kleinen Gästen.

89

teln. Ich bin von der Flaschenpost über Minidrachen und Klappkarten bis zur computergeschriebenen Einladung gekommen.

Gastgeber sein

In jedem Fall ist Ihr Kind der offizielle Gastgeber, und deshalb lädt es auch ein. Diese Rolle aber während des Geburtstages auch beizubehalten, fällt gerade den Kleineren oft schwer. Schließlich ist der Geburtstag der Tag, an dem sie im Mittelpunkt stehen möchten und rundherum verwöhnt werden wollen. Als Gastgeber heißt es aber, den Gästen den Vortritt zu lassen oder sie zumindest gleichberechtigt zu behandeln. Die Gäste werden also mit Kuchen und Getränken zuerst bedient. Sie können das entschärfen, indem das Geburtstagskind seinen Geburtstagskuchen verteilt. Es spielt dann eine wichtige, positive Rolle und vergisst darüber, dass es den Kuchen ja vielleicht als Erster haben möchte.

Das Geburtstagskind darf auch vorher mit Tischkärtchen die Sitzordnung festlegen. Das macht ihm Freude und gibt Selbstbestätigung.

Bei Wettspielen ist nicht automatisch das Geburtstagskind der Sieger: Auch das gibt manchmal Tränen. Je jünger das Geburtstagskind, desto schwerer fällt es ihm zurückzustecken. Sie können den Konflikt entschärfen, indem Sie die starken Seiten der Gastgeberrolle betonen und Verständnis zeigen. Sie sollten sich aber von Ihrem Kind keine Ungerechtigkeiten abtrotzen lassen.

Ihr Kind ist eingeladen

Auch als kleiner Gast sollte man sich an bestimmte Regeln halten. So ist eine feste Zusage – bei kleineren Kindern am besten telefonisch – für die Gastgeber wichtig. Nur so sind z.B. auch Überschneidungen mehrerer Einladungen in einer Klasse zu vermeiden. Pünktliches Erscheinen gehört ebenfalls zu den Pflichten des Gastes. Wobei ein zu frühes Erscheinen gerade bei Kindergeburtstagen fast ebenso schlimm ist wie ein zu spätes. Bremsen Sie also Ihr Kind, wenn es schon Stunden vorher in den Startlöchern sitzt.

Fest mit kleinen Gästen

Wenn Sie schon vor dem Kindergartenalter feiern möchten, ist das eher ein Mütter-Kinder-Fest. Erst im Kindergarten bilden sich Gruppen heraus, und Kinder können wirklich einen Nachmittag zusammen spielen. Die Kleineren haben wenig Sitzfleisch, Schulkinder mögen mit zunehmendem Alter eine richtige Geburtstagstafel. Nehmen Sie sich vor dem Geburtstag Zeit, sich Spiele zu überlegen. Schaffen Sie feste Riten und Strukturen, einen lockeren Zeitplan. Vergessen Sie nicht: Sie geben die Regeln vor. Machen Sie das auch kleinen Gästen klar, die querschießen.

Lassen Sie sich nicht unter Druck setzen: Machen Sie den Kindern klar, dass Gäste auch Pflichten haben. Nämlich mitzumachen, kreativ zu sein, sich an die Spielregeln zu halten und Rücksicht auf alle anderen Gäste zu nehmen.

Und was ist geboten?

Die Grundregel lautet: so viele Gäste wie Jahre des Geburtstagskindes. Toll, wenn Sie das durchziehen. Doch spätestens im Kindergarten ist das kaum zu schaffen. Viele Eltern helfen sich mit Kino-, Kletterwand-, Schwimmbad-, Cartbahn- oder Kegel-

WORTE AUF DEN WEG ...
Bevor Sie Ihr ungeduldiges Kind schließlich auf den Weg schicken, erinnern Sie es an die wichtigsten Benimmregeln: gratulieren, alle begrüßen – vor allem die Gastgeber – und sich beim Verabschieden für den Tag bedanken.

bahnbesuchen. Dabei sind Kinder eigentlich gar nicht so anspruchsvoll. Sie spielen genauso gern wie frühere Generationen. Und das macht in der Gruppe einfach am meisten Spaß. Versuchen Sie also nicht, alle anderen mit Events zu übertrumpfen, sondern überlegen Sie mit Ihrem Kind, wie der Geburtstag gefeiert werden soll. Wichtig ist eine gewisse Anzahl von Spielen, die allen bekannt sind. Sonst erklären Sie den halben Nachmittag, und die Kinder werden ungeduldig. Bei größeren Gruppen ist eine gut vorbereitete Schatzsuche, ein Geschicklichkeitsparcour, eine Rallye etwas, was Sie gut vorbereiten können und was Ihnen etwas Luft verschafft. Auch Wettkämpfe wie Stafettenlaufen zwischen zwei Gruppen sind bei vielen Kindern günstig, während eine kleine Gruppe von 4 bis 5 Kindern auch bei Spielen Spaß hat, wo jeder Einzelne an die Reihe kommt, wie etwa beim Topfschlagen.

Wenn Ihre Wohnung zu klein ist, kann der Kindergeburtstag auch im Grünen stattfinden. Kündigen Sie das schon in der Einladung an, damit die kleinen Gäste für jedes Wetter entsprechend ausgerüstet sind.

Verpflegung und kleine Preise für Gewinner

Kinder sind konservativ. Ein süßes Kakao- und Safttrinken mit Gebäck ist immer noch der Hit. Trockene Kuchen wie Marmor-, Schokoladen- und Zitronenkuchen, Muffins und Waffeln sind meist heiß begehrt. Besonders, wenn das Gebäck bunt verziert ist. Die Tafel sollte geburtstagsmäßig dekoriert sein, und Kerzen dürfen natürlich nicht fehlen. Bei den älteren Kindern ist oft gegen Abend noch eine pikante Kleinigkeit angebracht. Das können Sandwiches sein, ein Hot Dog in der Laugenstange oder ein Stück Pizza-Baguette. Auch hier gilt: Kulinarische Experimente sind zu riskant.

Noch ein Wort zu den »Preisen«, die es bei Wettspielen gibt. Bei den Kleinen ist ein witziger Bleistift, ein Luftballon oder ein Flummi der Hit. Doch Taschengeldkinder können da meist nur noch müde lächeln. Lassen Sie sich keinesfalls auf einen Wettbewerb ein, wer die tollsten Preise verschenkt. Mit zunehmendem Alter würde ich ganz darauf verzichten. Das Geschenk an die Gäste ist das Fest selbst. Allenfalls eine Riesenschüssel mit spektakulären »Gummisüßigkeiten« wie saure Pommes, Spaghettischlangen, Gummibärchen und weiße Mäuse werden dem jeweiligen Gewinnerteam zur Auswahl gereicht – bis die Schüssel leer ist.

Dass das Geburtstagskind jeden seiner Gäste selbst begrüßt und auch verabschiedet, versteht sich von selbst.

Geschenke

Hier gilt dasselbe wie für die Preise: Lassen Sie sich nicht auf einen endlos betriebenen Wettstreit des Schönsten, Besten, Teuersten ein. Es ist natürlich toll, ein genau passendes Geschenk zu finden. Doch wenn sich Einladungen häufen und Sie mehr als ein Kind haben, ist dieser Individualismus illusionär. Toll, wenn größere Kinder das Geschenk selbst besorgen und sich sogar mit anderen zusammentun. Aber die Wirklichkeit sieht anders aus: »Ach ja, und hast du, das Geschenk ... ich meine ...« Ein gehetzter Blick aus Kinderaugen signalisiert mir klar, dass mütterliche Vorsehung gefragt ist. Gut, wer für diese Fälle eine kleine Vorratskiste hat mit wirklich tollen Taschenbüchern, Geduldsspielen, Kassetten oder anderen Kleinigkeiten.

Statt Preisen: Sieger dürfen in die »süße Schüssel« greifen.

Dann gelingt es Ihnen am ehesten, eine Preisgrenze von etwa 5 Euro einzuhalten. Klare Vorgaben sollten Sie diesbezüglich auch Ihren Kindern machen.

Machen Sie keinen Druck, wenn die Geschenke etwa ab dem 12. Geburtstag etwas stereotyp werden: CDs, etwas aus dem

Bodyshop, etwas aus dem Candyshop oder ein Kinogutschein: Gäste dieses Alters möchten sich in der Clique einfach nicht bloßstellen.

Wenn der Kindergeburtstag zur Party wird

In der Pubertät, so ab 12 Jahren, wird es oft schwierig mit dem Feiern. Manche Kinder wollen schon ganz früh die coole Discoparty. Andere hören verwirrt ganz auf, Gäste einzuladen. Zwingen Sie Ihr Kind nicht zum Feiern, aber ermutigen Sie es. Manchmal ist ein aktionsreiches Geländespiel mit Lagerfeuer letzten Endes doch besser als ein unsicheres Herumhängen mit Musik und Chips. Aber wenn's die Discoparty sein soll, dann unterstützen Sie auch das. Die anderen Eltern erwarten auch bei Partys von Ihnen, eine gewisse Aufsicht über das Geschehen zu behalten. Als äußeren Rahmen können Sie sich an das Jugendschutzgesetz halten (siehe Seite 95). Begrüßen Sie die Partygäste ausdrücklich und am besten jeden persönlich, auch wenn Ihrem Kind das peinlich ist. Weisen Sie auf bestimmte Regeln hin, die Sie mit Ihrem Kind vorher besprochen haben – vom Rauchen bis zum Alkohol. Und behalten Sie unauffällig den Überblick. Und wenn eine Übernachtungsparty gefragt ist? Das müssen Sie selbst entscheiden. Oft entschärft das die Diskussion

Es ist keine Kunst, mit voller Geldbörse einzukaufen. Aber sich mit knappem Budget etwas einfallen zu lassen weckt Kreativität und erfordert es, sich wirklich mit dem Beschenkten zu befassen, sich für ihn Zeit zu nehmen.

> **GESCHENKE ANNEHMEN KÖNNEN – AUCH DAS IST EINE KUNST**
> **Der Beschenkte sollte sich wirklich die Mühe machen, jedes Päckchen in Ruhe auszupacken und sich zu bedanken. Das ist für gedankenlose Schenker manchmal peinlich, aber für alle, die sich wirklich Mühe gegeben haben, der schönste Lohn.**

ums Partyende. Aber bedenken Sie, dass solche Partys für 12-Jährige absolut problemlos sind, mit 15 aber vielleicht nicht mehr ganz ohne.

Familienfeste

Sinn von Familienfesten ist es, die Beziehungen untereinander, auch mit entfernteren Verwandten, zu stärken. Das ist gerade in unserer Zeit wichtig, wo die Verwandtschaft oft weit voneinander entfernt lebt. Kindern tut es gut, Vettern und Cousinen zum Reden und Spielen zu haben, schöne Tanten und reiche Onkel zum Bewundern und Großeltern oder andere ältere Verwandte zum Verwöhnen. Andererseits können Familienfeste für Kinder auch nervig sein: wenn keine anderen Kinder da sind, wenn die Erwachsenen ständig an ihnen herumknutschen, wenn ermahnt, bekrittelt und verglichen wird (»die Nase hat sie von Tante Hopsi…«). Zunächst stehen sie also so einer Veranstaltung eher kritisch gegenüber. Doch wenn die Teilnahme mit elterlicher Autorität durchgesetzt ist, löst sich im Laufe der Feier der Missmut meist in gute Laune auf.

Fahren Sie zweigleisig: Haben Sie einerseits die Energie und den Mut durchzusetzen, dass Ihr Kind mitfährt. Vielleicht auch in Form eines Handels: wenn – dann. In jedem Fall in Form einer Dauerabmachung für ähnliche Events. Aber organisieren Sie gleichzeitig mit Rundruf, dass andere Kinder auch erscheinen. Dass es vielleicht ein kleines Extraprogramm für die Kinder gibt, zumindest einen eigenen Tisch. Ihr Kind lernt so, sich auch bei größeren Festen frei zu bewegen und zu benehmen. Es kann sich im großen Kreis der Familie erwachsene und gleichaltrige Bezugspersonen aussuchen.

Das Jugendschutzgesetz gilt übrigens auch als Rahmen für den Fall, dass Ihr Kind eingeladen ist. Oft hilft auch ein Gespräch mit anderen Eltern: Die sind vielleicht ja doch nicht so »viel liberaler«, wie uns das die eigenen Kinder weismachen wollen.

KLEIDUNG CONTRA KLAMOTTEN

NUR NICHT AUFFALLEN

Ist es nicht ein Riesenvergnügen, Kinder hübsch anzuziehen? Genießen Sie diese Zeit, solange Ihr Kind das zulässt. Nachweislich wird das immer kürzer sein. Akzeleration heißt das Phänomen, das heute dazu führt, dass schon Acht- bis Neunjährige präpubertäre Eigenschaften zeigen. Und in diesem Alter bereits die Clique den Ton angibt, nicht die Eltern. Klamotten einkaufen wird zum anstrengenden und teuren »Vergnügen«. Eltern sollten diesem neuen Entwicklungsschritt mit Toleranz und Flexibilität begegnen. Lassen Sie es nicht auf eine Konfrontation ankommen: An dieser Front können Sie nur verlieren.

Nur nicht auffallen

Anders zu sein ist für Kinder schrecklich. Die Devise heißt: nur nicht auffallen. Für Jungen heißt das, mit klobigen Turnschuhen, deren Bänder in den Schuh gesteckt werden, Arbeitshosen, die mit einem Gürtel knapp über dem Gesäß gehalten werden und deren Beine auf dem Boden schleifen, in der Schule zu erscheinen. Baseballkappe und übergroße T-Shirts ergänzen das modische Outfit. Bei Mädchen sind es wohl hohe Absätze, knackenge Schlaghosen, bauchfreie Tops und Glasperlen.

Für Eltern ist das schwer zu ertragen, vor allem weil die Fabrikanten der Trendprodukte gandenlos viel Geld für wenig Qualität verlangen.

Wo ist die Schmerzgrenze?

Das ist eine Gewissensfrage. Eine Grenze ist sicher da, wo unwiderrufliche körperliche Eingriffe stattfinden wie bei Piercing oder Tattoos. Jugendliche können die Folgen einfach noch nicht überblicken und werfen uns Eltern Jahre später vielleicht unsere

Seinem Kind die aktuelle Mode ausreden zu wollen ist hoffnungslos. Allenfalls ein finanzielles Limit ist durchzusetzen: Was darüber hinausgeht, muss vom Taschengeld zugeschossen werden.

Oft ein aussichtsloser Kampf: Einen Kleidungsstil finden, der Eltern und Kindern gleichermaßen gefällt.

KLEIDUNG CONTRA KLAMOTTEN

Ein Tipp: Von bester Qualität sind die Kinderklassiker eines französischen Versenders, der mich immer rettete (www.cyrillus.de).

Nachgiebigkeit vor. Unter 18 ist eine Genehmigung der Eltern Vorschrift – und die können Sie verweigern. Aber auch beim Haarefärben habe ich Einspruch erhoben, auch aus gesundheitlichen Gründen im Hinblick auf Allergien. Auf einer ganz anderen Ebene liegen rassistische oder sexistische Tabus, schlichte Geschmacklosigkeiten. Gedankenlos menschenverachtende, gewalttätige Slogans auf der Kleidung spazieren zu tragen, das würde ich meinen Kindern nicht gestatten. Scheuen Sie sich nicht, zum Umtausch in die Höhle des Löwen – die einschlägigen Szenegeschäfte – zu gehen. Eine wild entschlossene Mutter kann sich auch bei den abenteuerlichsten Gestalten ganz einfach Respekt verschaffen. Und Ihr Kind wird danach dort nicht mehr so gerne hingehen … Auch bei ausgesprochen sexy Klamotten für Grundschülerinnen zucke ich immer etwas zusammen. Denn

Vor allem Jugendliche fühlen sich nur in den Sachen wohl, die auch den anderen in der Clique »passen«.

ich fürchte, dass das leider manche unguten Geister weckt. Darüber hinaus gilt auch für die abgefahrenste Klamotte: Sauber muss sie sein. Mit Knöpfen, wo sie hingehören, und nicht zu zerfetzt. Machen Sie keine Kompromisse, was das tägliche Wechseln der Socken und Unterwäsche angeht, Zähneputzen, Duschen, Haarewaschen – kurz Körperhygiene. Denn diese Standards wird Ihr Kind auch später beibehalten. Auch wenn die Hose längst wieder auf die Hüften gerutscht ist.

Gibt's das noch: anständig angezogen?

Im Frühjahr bin ich immer wieder erstaunt, welch tolle Anzüge und Festroben in den Kinderabteilungen hängen. Kommunion und Konfirmation zeigen: Auch bei diesen traditionellen Festen wollen die meisten Kinder nicht aus der Rolle fallen – schließlich machen sich ja alle schick.

Treffen Sie mit Ihrem Kind ein Abkommen: Solange es mit seinen Freunden unterwegs oder in der Schule ist, darf es anziehen, was ihm gefällt. Geht es mit Ihnen weg – ob ins Restaurant oder zum Familienfest –, kleidet es sich so, wie Sie es sich vorstellen. Von dieser Regelung profitieren beide Seiten: Sie sparen Kraft, Ihr Kind behält sein Gesicht und lernt ganz nebenbei, wie »man« sich anzieht. Das schärft sein Urteilsvermögen, es lernt, sich in konventioneller Kleidung zu bewegen, ganz zwanglos. Das schafft spätere gesellschaftliche Sicherheit. Denn man sieht ja ganz genau, ob sich jemand in seinem Anzug wohl fühlt oder wie in einer Zwangsjacke.

Bei Jungen ist das ganz einfach: dunkelgraue Hose, dunkelblauer Blazer, weißes oder blauweiß gestreiftes Hemd und Schlips oder Fliege. Für die Jüngeren unter zwölf Jahren oder wenn es weni-

Manche Mädchen machen eine Antirockphase durch, andere setzen auf den Barbielook.

KLEIDUNG CONTRA KLAMOTTEN

ger festlich ist, tut's auch ein klassischer dunkler (blauer oder grauer) V-Pullover mit einem weißen Pikeeshirt – ohne Schlips. Im Sommer ist statt blauer Hose auch eine beige Hose akzeptabel, mit Pikeehemd für lässige Einladungen. Zur formellen Kleidung gehören in jedem Fall schwarze Schuhe und dunkle, einfarbige Socken. Turnschuhe sind dagegen genauso unpassend wie Sandalen – und Papiertaschentücher: Ein weißes Stoff-Herrentaschentuch ist ein Muss. Es wird in der Mitte gefasst, ausgeschüttelt und lässig in die Brusttasche gesteckt, so dass die Spitze herausschaut. Wird statt des Jacketts ein Pullover getragen, kommt das Taschentuch in die Hosentasche. Bei kleinen Jungen bis 6 oder 7 Jahre sind kurze Hosen, die knapp übers Knie gehen, im Sommer hochelegant, dazu ein kurzärmeliges Hemd. Bei Mädchen ist das etwas komplizierter. Denn eine so uniforme Lösung wie bei den Jungs gibt es nicht. Immer noch ist ein Kleid für Mädchen besonders schick. Bei den Kleinen klassisch gesmokt, mit Schleife und Puffärmel, oder als Rock mit Rüschenbluse. Doch bei den Älteren sollte es zurückhaltender sein. Zu auffallend und zu sexy ist unangebracht. Tagsüber sind nackte Schultern und große Ausschnitte tabu. Auch zu elegant gilt als ungeschickt. Andererseits: In Jeans zum Fest ist auf jeden Fall daneben und ein Affront gegenüber dem Gastgeber, der sich um Festlichkeit bemüht.

Für Mädchen und Jungs gilt: Sobald sich Ihr Kind nicht mehr von Ihnen einkleiden lässt, lassen Sie es erst einmal selbst in Geschäften suchen. Oder im Katalog ankreuzen, was gefällt. Das erspart Ihnen Kilometer durch die Stadt und Auftritte in diversen Geschäften. Nach dieser Auswahl können Sie mit Ihrem Kind erst einmal einen grundsätzlichen Konsens finden – ganz entspannt auf dem Sofa. Und dann erst zum Kauf schreiten.

Nehmen Sie Rücksicht darauf, wenn Ihr Kind in einem bestimmten Alter möglichst unauffällig angezogen sein will. Zurückhaltender Schick ist nie fehl am Platz.

EXKURS: WAS DÜRFEN KINDER WANN?
(Angaben laut Jugendschutzgesetz)

➢ Untersagt ist Kindern und Jugendlichen unter 18 Jahren grundsätzlich der Aufenthalt an jugendgefährdenden Orten, in öffentlichen Spielhallen, Nachtclubs oder Nachtbars. Außerdem die Teilnahme an Spielen mit Gewinnmöglichkeit. Ausnahme: bei Volks- und Schützenfesten, Jahrmärkten etc., wenn die Gewinne nur Waren von geringem Wert sind.

➢ Der Erwerb und der Verzehr branntweinhaltiger Getränke und überwiegend branntweinhaltiger Lebensmittel ist für Jugendliche unter 18 Jahren ebenfalls nicht erlaubt. Andere alkoholische Getränke (z. B. Bier und Wein) dürfen Jugendliche ab 14 Jahren in Begleitung eines Erwachsenen, Jugendliche ab 16 Jahren auch allein erwerben bzw. konsumieren.

➢ In Gaststätten dürfen sich Kinder und Jugendliche nur in Begleitung eines Erziehungsberechtigten aufhalten, ab 16 Jahren bis 24 Uhr auch allein. Ausnahme: Veranstaltungen eines Trägers der Jugendhilfe, zur Verpflegung auf Reisen.

➢ Tanzveranstaltungen anerkannter Träger der Jugendhilfe dürfen Kinder bis 14 Jahre bis 22 Uhr, Jugendliche ab 14 Jahren bis 24 Uhr besuchen. An öffentlichen Tanzveranstaltungen dürfen Jugendliche ab 16 Jahren bis 24 Uhr teilnehmen.

➢ Öffentliche Filmveranstaltungen dürfen Kinder und Jugendliche gemäß der Altersbeschränkungen besuchen, Kinder zwischen 6 und 14 Jahren bis 20 Uhr, Jugendliche ab 14 bis 22 Uhr und Jugendliche ab 16 Jahren bis 24 Uhr.

➢ Bildschirmunterhaltungsspielgeräte (bei Spielen ohne Gewinnmöglichkeiten) dürfen Kinder und Jugendliche bis 16 Jahren nur im Beisein eines Erziehungsberechtigten benutzen, Jugendliche ab 16 Jahren auch allein.

➢ Rauchen in der Öffentlichkeit ist Jugendlichen unter 16 Jahren nicht gestattet.

Bei der Auswahl der Kleidung sollten Eltern mit sich verhandeln lassen – nicht aber, wenn Kinder die gesetzlichen Jugendschutzbestimmungen unterlaufen wollen.

DRAUSSEN IN DER WEITEN WELT

Wissen Sie, wie Ihr Kind sich in der Schule, in der Stadt, in der Bahn, im Sportverein, im Supermarkt benimmt? Wenn wir Eltern außer Sicht sind? Meist wird uns durch andere Kinder bewusst, was stört und rücksichtslos ist. Das wiederum können Sie mit Ihrem Kind besprechen, es sensibel dafür machen. Doch es gibt auch ganz simple Dinge, die man in der Öffentlichkeit unterlässt. Dabei geht es um Ästhetik, um Rücksicht auf die anderen. Jeder muss Nägel schneiden, Haare kämmen und Ohren putzen – aber zu Hause im Badezimmer, bitte.

Wer schon als Kind in der Öffentlichkeit stets »aneckt«, wird es im späteren Leben nicht leicht haben.

Höflich sein heißt Rücksicht nehmen

Rücksicht zu nehmen, das verlangt in erster Linie vom Stärkeren, sich zurückzunehmen. Und oft sind wir Erwachsene die Stärkeren. Wie gehen wir mit Kindern, mit Alten und Behinderten um? Alles, was wir von unseren Kindern verlangen, sollten wir ihnen vorleben – auch die Rücksichtnahme. Aber sind Ellbogen nicht nötig im immer härter werdenden Konkurrenzkampf? Werfen wir innerlich unseren Eltern nicht manchmal vor, uns zur Lebensuntüchtigkeit erzogen zu haben? Haben unsere Kinder womöglich einen Nachteil, wenn wir ihnen Rücksichtnahme und Höflichkeit beibringen? Ganz wird keiner von uns die Widersprüche auflösen. Aber in welche Welt möchten wir unsere Kinder entlassen? Wer rücksichtslos ist, wird Rücksichtslosigkeit provozieren. Kinder brauchen Orientierung und eine Eichung ihres Kompasses für Gut und Böse. Natürlich müssen sie lernen, sich zu wehren, aufzustehen, wenn Unrecht geschieht. Oder im sportlichen Wettkampf mit Gleichen fair um den Sieg zu kämpfen. Aber eben auch, Schwächeren zu helfen und andere nicht in ihren Rechten zu beschneiden.

Ermutigen Sie Ihr Kind zur Höflichkeit: Es ist gar nicht »peinlich«, zuvorkommend zu sein.

Vordrängen gilt nicht

Am Skilift, im Kino, beim Kindergeburtstag: Jeder will der Erste sein. Es werden Plätze freigehalten, es wird gedrängelt, geschubst und geschoben. Gewinnen tut dabei meist keiner. Halten Sie Ihre Kinder dazu an, sich ganz ruhig in die Reihe zu stellen, verhelfen Sie weggedrängten Kindern zu ihrem Recht nach dem Motto: »Die Ersten werden die Letzten sein«, ignorieren Sie massenweise freigehaltene Plätze. Ermutigen Sie Ihre Kinder, sich gegenüber Dränglern zu wehren. Aber bringen Sie ihnen andererseits bei, nicht selbst zu drängen. Gleichzeitig sollten Kinder wissen, dass – wie bei der Begrüßung (siehe Seite 35ff.) – auch vor einer Tür derjenige mit dem höheren Rang den

Dass die Idee vom »Guten« nicht ganz veraltet ist, zeigt der Erfolg von Harry Potter, bei dem es ja auch um den Kampf des Guten, Anständigen gegen das Böse, Rücksichtslose geht.

SCHWARZE LISTE FÜR DIE ÖFFENTLICHKEIT
- Beim Gähnen hält man immer die linke Hand vor den Mund.
- Beim Husten hält man ebenfalls die linke Hand vor den Mund und wendet sich vom Gegenüber ab. Denn die Rechte reicht man ja wieder zur Verabschiedung, und anstecken möchte man den Gesprächspartner nicht.
- Beim Niesen niest man am besten gleich ins Taschentuch. Ansonsten gilt Gleiches wie beim Husten.
- Beim Naseputzen herzhaft ins Taschentuch schnauben, nie hochziehen, nie popeln, nicht noch mal ins Taschentuch schauen.
- Nie in der Nase bohren.
- Nie vor anderen Fingernägel säubern, schneiden, feilen.
- Nie vor anderen Ohren putzen.
- Nicht in der Öffentlichkeit die Haare kämmen.
- Niemals spucken! Weder in Räumen noch auf die Straße.
- Kein Dauerkaugummikauen, vor allem nicht im Gespräch.

Vortritt hat. Im Nibelungenlied führte der Streit um den Vortritt zwischen Krimhild und Gudrun zu Krieg und Untergang ganzer Völker. So weit wollen wir nicht gehen. Aber ein gut erzogenes Kind lässt Erwachsenen den Vortritt, vor allem, wenn es ältere Menschen, und erst recht, wenn es Damen sind. Schließlich heißt es ja auch: Ladies first! Also nicht etwa vorwitzig vorauswetzen und den anderen die Türe vielleicht noch vor die Nase knallen. Ganz toll, wenn man dann der Dame oder dem Herren nicht nur den Vortritt lässt, sondern ihnen auch noch die Tür aufhält. Wenn Erwachsene sich von Kindern respektiert fühlen, dann werden sie sich bedanken und ihnen meist von sich aus den Vortritt lassen. Doch wenn Kinder das immer als selbstverständlich voraussetzen, werden sie eher Widerstände wecken. Außerdem: Wie soll ein Kind lernen, sich selbst zurückzunehmen, wenn es immer in der ersten Reihe gesessen hat?

Beim Gähnen gehört die Hand vor den Mund, nicht in die Hosentasche – nur eine von vielen Grundsatzregeln für die Öffentlichkeit.

Die Pfadfinderregel

Jeden Tag eine gute Tat – das gehört zum traditionellen Versprechen der Pfadfinder. Tatsächlich ist es sehr befriedigend, bewusst etwas Gutes getan zu haben. Es ist ein positives Erlebnis und provoziert meist eine gute Erfahrung. Erzählen Sie sich in der Familie gegenseitig, wer was erlebt und getan hat. Ganz kleine Episoden – wie die Tür aufhalten für eine Mutter mit Kinderwagen oder das Pausenbrot teilen mit einem Freund – können richtig gut tun. Gerade Kindern gibt es ein Gefühl von Stärke, wenn sie einmal jemand anderem beispringen können und sich in der starken Position des Helfens erleben. Kinder sind durch ihre eigene Schwäche eigentlich offen für die Schwäche anderer. An uns ist es, darauf zu achten, sie daran zu erinnern und sie darin zu unterstützen, Schwächeren zu helfen.

Skater, Roller, Radler

Kinder zu Fuß sind eine Sache. Aber Kinder auf Rädern – egal ob Roller, Skateboard, Rollerskates oder Fahrrad – können für ihre Mitmenschen ganz schön gefährlich werden. Machen Sie Ihrem Kind klar, dass Fußgänger immer Vortritt haben. Und dass alte Menschen nicht mehr so schnell reagieren können. Bis zum Alter von 8 Jahren dürfen Kinder auf dem Fußweg radeln, also natürlich auch Skater und Rollerfahrer. Das ist gut so, und ich habe es meinen Kindern auch noch länger empfohlen, weil ich die Straße zu gefährlich finde. Aber Voraussetzung dafür ist Rücksicht gegenüber den Fußgängern, die auf dem Gehsteig Vorfahrt haben!

Bringen Sie Ihren Kindern nicht nur die wichtigsten Verkehrsregeln bei, sondern auch gedrosseltes Tempo, Bremsen, Vorlassen, vorausschauendes Fahren. Und natürlich sind verkehrssichere Fahrgeräte ein Muss.

Toll, wenn Sie Ihr Kind dazu bringen, einen Helm zu tragen. Ich warte und hoffe noch immer auf eine gesetzliche Vorschrift zur Unterstützung elterlicher Autorität.

> **AUFMERKSAM WAHRNEHMEN**
> Dazu gehört, mit den Augen der Schwächeren zu sehen. Mir wurde das einmal sehr bewusst, als ich mit unseren noch kleinen Kindern in München war. Nach Rolltreppe und U-Bahn rief Nici, mein zweiter Sohn, im Bus: »Mami, hier ist alles viel schneller als in Freiburg.« Und er hatte Recht: Erst jetzt bemerkte ich, dass die Rolltreppen so schnell liefen, dass alte Menschen lieber zu Fuß die Treppe nahmen, und dass zwischen Einsteigen und Losfahren von U-Bahn oder Bus kaum Zeit blieb. Oft machen wir uns gar nicht bewusst, wie schwierig der ganz normale Alltag für Kleine, Alte oder Behinderte sein kann.

Kopfhörer & Gameboy

Kennen Sie diesen leeren Blick? Wenn Sie zum dritten Mal das Wort an Ihr Kind richten und keinerlei Reaktion erfolgt? Ich rede von den kleinen Kopfhörern, die die Kinder zu Außerirdischen machen – unerreichbar für unsere Worte. Nichts gegen Kopfhörer, wenn man allein eine lange Bahnreise macht. Oder beim Lesen zu Hause seine Musikkulisse genießen will, ohne andere zu stören. Doch in Gesellschaft sind sie eine grobe Unhöflichkeit, ganz gleich ob es sich um Gleichaltrige oder nur die Familie handelt. Wenn am Ende auf der Rückbank im Auto jeder seine eigenen Kassetten hört, ist es mit der Gemeinsamkeit nicht mehr weit her. Einigen Sie sich lieber auf eine Kassette, die gemeinsam gehört wird. Und die zwischendurch noch Kommunikation erlaubt.

Ebenfalls ein Gesellschaftskiller sind Gameboy und Handys mit Spielfunktion. Ich habe sie schon auf Kindergeburtstagen einkassiert, und bei den Pfadfindern dürfen sie erst gar nicht mitgebracht werden. Denn sie machen den Spielenden zum Einzelgänger, der sich aus der Gemeinschaft ausschließt. Gameboy sollte ein Kind wirklich nur spielen, wenn es gerade allein ist – und auch dann ist Lesen, Lego oder Puzzlen sinnvoller.

Unterwegs auf Skateboard & Co. – das macht Kindern Spaß, und Passanten sehen gerne zu, wenn die jungen Fahrer entsprechend rücksichtsvoll sind.

Wo Kinder in Gruppen auftreten

Ein Kind allein benimmt sich meist so, wie wir Erwachsenen es ihm beigebracht haben. Aber in der Gruppe setzt sich oft unhöfliches, provozierendes Verhalten durch. Gemeinsamkeit macht stark – da wagt ein gut erzogenes Kind nicht auszubrechen. Als Erwachsener ist es am besten, in solchen Situationen das einzelne Kind anzusprechen und anzublicken. Am besten den Rädelsführer. Und dem eigenen Kind beizubringen, dass man sich in einer Gruppe nicht verstecken kann, sondern weiterhin für sich und sein Tun verantwortlich bleibt.

In öffentlichen Verkehrsmitteln

Eigentlich müssten Schulbusfahrer Schmerzensgeld bekommen. Denn jeden Morgen das Geschrei, Geschubse und Getobe zu verkraften, geht sicher an die Nerven. Doch da sind die Kinder immerhin noch unter sich. Aber wenn im normalen Linienbus eine ähnliche Massenhysterie unter Schülern um sich greift, sollten Erwachsene sich wehren. Auch die Rücksichtslosigkeit, mit der Taschen und Rucksäcke gegen andere Fahrgäste geschleudert werden, ist inakzeptabel.

Gegen alle diese Übergriffe sollten Erwachsene Front machen – und die Eltern sollten dies unterstützen, statt die »armen Kinder« zu bemitleiden. Aber reicht das? Oder sollten Kinder für alte Menschen aufstehen? Ich meine, ja. Wenn ein alter Mensch nicht mehr so sicher auf den Beinen ist, tut ihm ein Sitzplatz gut. Es ist außerdem eine Geste der Höflichkeit. Ein Kind hat nach dem Schulvormittag im Sitzen ja eher Bewegungsdrang. Ich weiß, dass Kinder das nicht hören wollen, mich hat das früher auch geärgert. Außerdem hat ein Kind vielleicht Hemmungen, den Platz ganz offiziell zu räumen, und verdrückt sich einfach. Aber vielleicht fällt es ihm leichter, seinen Platz zu räumen bei dem Gedanken an die eigene Großmutter, die vielleicht im selben Alter ist und sich über eine solche Geste von einem anderen Kind sehr freuen würde.

Entscheidend ist das Vorbild der Erwachsenen: Wenn nicht einmal junge Männer beim Kinderwagen mit anfassen oder für alte Menschen den Platz räumen, wie können wir es von Kindern erwarten?

In der Schule: Lehrer, Mobbing, Disziplin

Eigentlich schade, dass Eltern und Lehrer einander mit so viel Argwohn begegnen. Sie schieben sich gegenseitig die Aufgaben der Erziehung und Disziplinierung zu, statt sich gegenseitig zu unterstützen. Zum Nachteil der Kinder. Jeder Lehrer, der sich gegen Käppis und Kaugummi im Unterricht wehrt, sollte unsere Unterstützung bekommen. Wenn unser Kind wegen fortgesetzter Unpünktlichkeit nachsitzen oder eine Strafarbeit schreiben muss, sollten wir uns nicht einmischen. Wir müssen als Eltern durch eine klare Haltung signalisieren: Unhöflichkeit in der Schule ist kein Kavaliersdelikt. Lehrer und Mitschüler haben Anspruch auf Höflichkeit und Respekt, Pünktlichkeit und Rücksichtnahme. Natürlich benimmt sich leider auch nicht jeder Lehrer vorbildhaft. Aber das zu beurteilen ist für Eltern schwer. Und außerdem setzt diese Diskussion höchstens einen Teufelskreis von Feindseligkeiten in Bewegung. Bei konkreten

Machen Sie sich und Ihrem Kind klar: Die Menschen, die es unterrichten, haben grundsätzlich jeden Respekt verdient. Aber auch die Lehrer sollten ihre Schüler entsprechend achten.

Aus der Gruppe ausgeschlossen zu sein ist für ein Kind eine sehr schwierige Situation. Und es braucht viel Fingerspitzengefühl zu helfen.

Streitpunkten ist es sicher das Beste, gemeinsam mit dem Kind in das Gespräch zu gehen – sonst sitzen Sie nämlich zwischen den Stühlen und müssen sich zwei völlig gegensätzliche Versionen des Geschehens anhören, ohne der Wahrheit auch nur auf die Spur gekommen zu sein.

Doch meist verursachen nicht Lehrer den größten Kummer, sondern die lieben Mitschüler. Mobbing ist heute ein bekannter Begriff, der auch in der Schule Sorgen macht. Für Eltern ist so eine Situation schwierig einzuschätzen. Das verunsicherte Kind redet ja meist nicht von sich aus über diese Probleme. Wenn Sie Veränderungen in seinem Verhalten bemerken, müssen Sie ihm Näheres wahrscheinlich aus der Nase ziehen. Sollte Ihr Verdacht bestätigt werden und keine Verbesserung sichtbar sein, ist es wichtig, mit dem Klassenlehrer und der Elternvertretung offen über das Problem zu sprechen. Ihrem Kind wird das peinlich sein, und es wird Angst vor einer Verschlechterung seiner Lage haben. Aber in so verfahrenen Situationen hilft nur offener Widerstand und Einschüchterung der mobbenden Mitschüler. Andererseits sollten Sie Ihr Kind dazu anhalten, gemobbten Kindern beizuspringen und nicht mitzumachen.

> Auch wenn Sie einmal mit dem Verhalten Ihres Kindes nicht einverstanden sind, sollte es doch immer das Gefühl haben, dass Sie voll und ganz hinter ihm stehen.

Im Sport: Fair Play

Sprichwörtlich ist das Fair Play der Engländer. Und es kommt aus dem Sport, der in der angelsächsischen Erziehung eine große Rolle spielt. Mit anderen Worten: Mannschaftssport ist eine gute Grundlage, um Fairness und Kameradschaftlichkeit zu lernen. Man trägt einen Wettstreit aus und kann doch befreundet bleiben. Die Stärkeren helfen den Schwächeren zum Wohle aller. Wobei bezeichnend ist, dass die Starsportarten der letzten Jahrzehnte, Tennis und Golf, eher etwas für Einzelkämpfer sind.

Fuß-, Hand-, Volley-, Basketball oder Hockey sind dagegen ideale Mannschaftssportarten. Unterstützen Sie Ihr Kind, wenn es in einem Verein sportlich aktiv werden will, vielleicht sogar mit Ihnen zusammen. Es wird sich daran gewöhnen, dass es wie ein Erwachsener als Clubmitglied ernst genommen wird – aber diese Rolle auch ausfüllen sollte. Das geht vom Grüßen bis zum Small Talk mit den »Alten«. Ideal, wenn der Sport zu einem gemeinsamen Hobby von Eltern und Kind wird. Das vergrößert die Basis der Gemeinsamkeit und lässt Sie Ihr Kind wieder ganz anders erleben.

Im Ausland: Urlaub und Austausch

Im Zeitalter der Globalisierung nehmen Auslandsreisen, Schüleraustausche und Aufenthalte in Colleges zu. Das kann ein großer Erfolg werden, aber auch ein Reinfall. Wichtig ist, dass sich Ihr Kind vorher mit den anderen Sitten, Gebräuchen und Erwartungen auseinander setzt. Dass es nicht besserwisserisch daherkommt, sondern bereit ist, sich anzupassen. So sind die Tischsitten in angelsächsisch beeinflussten Ländern etwas anders als bei uns (siehe auch Seite 69). In Spanien gibt es Abendessen nicht vor 22 Uhr, und in den USA bekommt man seine Gasteltern unter Umständen erst nach Tagen zu Gesicht, da sie ständig unterwegs sind. In Südamerika ist Personal selbstverständlich, in den USA braucht man ein Auto, und in England gibt es hie und da noch Ressentiments gegen Deutsche. Entsprechend sind auch Austauschschüler mit viel Verständnis und Toleranz zu behandeln.

Im Ausland sind wir gewissermaßen Vertreter unseres Landes. Entsprechend vorbildlich sollten wir uns auch benehmen. Das sollten Sie Ihren Kindern bewusst machen.

Ich möchte hier keinen Benimmführer fürs Ausland schreiben; wer's wissen will, bekommt vor einem Austausch immer ein ausführliches Briefing. Und wer in den Urlaub fährt, kann einschlägige Infos in jedem Reiseführer nachschlagen.

ZUSAMMEN ZU HAUSE

Ich möchte Ihnen Mut machen, auch zu Hause Ansprüche an Ihr Kind zu stellen. Selbst auf die Gefahr hin, dass Sie ab und zu enttäuscht werden. Die Familie ist auch eine Wohngemeinschaft, in der jedes Mitglied bestimmte Pflichten übernimmt. Außerdem: Wie soll Ihr Kind später zurechtkommen, wenn es die Dinge des Alltags nicht beherrscht? Wie soll es eine gleichberechtigte Partnerschaft aufbauen, wenn es nicht gelernt hat, Pflichten zu teilen und Hilfsbereitschaft auch in den eigenen vier Wänden zu zeigen? Natürlich stellt das einen hohen Anspruch an Ihre Partnerschaft, an die Bereitschaft aller Familienmitglieder, Pflichten fair zu teilen und sich gegenseitig zu unterstützen. Sie werden wahrscheinlich Ihr Kind nicht ohne weiteres zu ständiger, selbstverständlicher Hilfe erziehen können. Denn Erziehung ist ein ständiger Kampf gegen Bequemlichkeit und Trägheit. Das ist anstrengend. Und die Versuchung, es rasch selbst zu machen, ist groß. Doch steter Tropfen höhlt den Stein. Auf Dauer werden Sie entlastet, und Ihr Kind lernt, Pflichten zu übernehmen und sich für bestimmte Aufgaben verantwortlich zu fühlen.

Das Modell »Hotel Mama« hat zum Glück ausgedient, auch weil die meisten Mütter nach einigen Jahren Familienpause wieder in den Beruf einsteigen. Und weil kaum jemand noch zu Hause Personal hat. Idealerweise sollten deshalb alle Familienmitglieder bereit sein mitzuhelfen.

Ordnung ist das halbe Leben

Büroorganisation ist ein ganzer Arbeitsbereich. Aber über Haushaltsorganisation finden Sie kaum eine Broschüre. Dabei liegt es auf der Hand: Aufgaben delegieren kann man nur, wenn es Strukturen, eine bestimmte Ordnung gibt, in der sich alle zurechtfinden. Wenn Ihr Kind seine Knöpfe selbst annähen soll, muss es wissen, wo Nähzeug und Knöpfe zu finden sind. Soll es die Waschmaschine in Gang setzen, muss es das Waschpulver finden. Wenn es die Geschirrspülmaschine ausräumt, muss es wissen, wo Besteck, Teller, Töpfe hinkommen. Soll es die Wäsche

Das Recht auf eine Verschnaufpause haben alle Familienmitglieder. Deshalb müssen häusliche Pflichten gerecht geteilt werden.

legen, muss es wissen, wie – und wo alles seinen Platz hat. Außerdem muss alles in seiner Reichweite sein. Nur so können Sie verhindern, dass Sie wieder wegen jedes Handgriffs gefragt werden – und dass Pflichten vernachlässigt werden, weil »ich nicht wusste, wo, wie, was…«. Nehmen Sie sich Zeit, Ihrem ungeduldig zappelnden Kind seine Aufgabe zu zeigen. Ihm nicht alles hinzustellen, was es dafür braucht, sondern ihm zu zeigen, wo es alles findet. Und es dazu zu verpflichten, die benutzten Dinge wieder an ihren Platz zurückzubringen. Das kostet zunächst mehr Zeit, zahlt sich aber auf Dauer aus. Stellen Sie gemeinsam fest, dass die Plätze für Kinder ungünstig sind, müssen Sie die Ordnung ändern. Es ist nicht nur Ihr Haushalt, sondern der gemeinsame Haushalt, in dem jeder zurechtkommen muss. Das verlangt von Ihnen, auch Macht abzugeben.

Seien Sie nicht zu streng mit Ihren kleinen Helfern, auch wenn mal etwas nicht so gut klappt: Wenn meine Mutter früher nicht milde über das Chaos in der Küche hinweggesehen hätte, wäre ich wohl kaum eine so begeisterte Köchin geworden.

Was schon die Kleinsten können

Ihr Kind wird nicht von heute auf morgen die perfekte Haushaltshilfe. Aber schon die ganz Kleinen können zumindest symbolisch in die Pflicht genommen werden. Beim Tischdecken und Tischabräumen z.B. Das hat ganz nebenbei den Effekt, dass Ihr Kind lernt, wie der Tisch korrekt gedeckt wird (siehe auch Seite 74f.). Und das Kind hat gerade beim Essen das Gefühl: »Ja klar, hier bin ich beteiligt, das ist mein Teller, den ich schmutzig gemacht habe.« Die eigene schmutzige Wäsche wegräumen, das gebrauchte Handtuch wieder aufhängen, Brot beim Bäcker um die Ecke holen – das alles können schon Kindergartenkinder. Auch die eigene Jacke aufhängen, Mütze und Handschuhe an ihren Platz räumen … Das erfordert allerdings Haken und Regale in kindlicher Reichweite, die berühmte Kindergarderobe. Es kostet Zeit, Kindergartenkinder einzuweisen – aber Sie ernten später die Früchte. Ein Teenager wird nämlich kaum einsehen, warum er plötzlich mithelfen soll, wo doch bisher alles automatisch klappte. Welche Pflichten sich noch delegieren lassen? Beim Kochen helfen Kindergartenkinder sehr gern. Schulkinder können dann schon Salat zubereiten, Nudeln kochen, Kartoffeln pellen. Ebenso Schuhe putzen, Einkäufe erledigen, Staubsaugen, Müll wegbringen oder Pflanzen gießen. Für Fortgeschrittene ab zehn steht dann Bügeln und Knopfannähen auf dem Programm. Und wenn Kommentare kommen wie: »Ich trage das T-Shirt auch ungebügelt« oder: »Der Knopf ist unnötig«? Dann müssen Sie sich einigen. Vielleicht hat Ihr Kind ja Recht, was das T-Shirt angeht, und Sie müssen Ihre Ansprüche zurückschrauben. Andererseits muss Ihr Kind beim Knopf vielleicht einen Rückzieher machen. Mit anderen Worten: Kompromissfähigkeit ist angesagt. Wer sich die Pflichten teilt, kann nicht einseitig die Ausführung diktieren. Perfektionismus ist fehl am Platz. Seien Sie großzügig, loben Sie, stärken Sie das, was gelingt, und sehen Sie über die manchmal chaotischen Begleitumstände hinweg.

Das »Handwerkszeug« sollte immer für alle auffindbar platziert werden. Nur so wird Mithilfe zur Selbstverständlichkeit.

Das Kinderzimmer als Trutzburg des Chaos?

Schon bei Kindergartenkindern können Sie beobachten, wie das wachsende Chaos im Kinderzimmer eine Verlagerung der Spielaktivitäten in die übrige Wohnung nach sich zieht. Doch es ist nicht einzusehen, dass in Haushalten mit Kindern zwangsläu-

Helfen Sie Ihrem Kind, möglichst immer eine gewisse Grundordnung zu halten und lieber regelmäßig kleinere »Räumaktionen« zu starten, bevor der Berg wieder zu groß wird.

> Unser Sohn Cornelius tröstete einmal den besorgten Vater mit den Worten: »Ach Papi, du musst dir keine Sorgen um mich machen. Ich komme doch aus geordneten Verhältnissen.« Und das ist doch immerhin beruhigend.

fig Chaos herrschen muss und jeder einen Hürdenlauf über Puppen, Autos, Lego und Teddys zu absolvieren hat. Ihr Kind hat seinen Bereich – und Sie Ihren. Und den sollten Sie guten Gewissens und eisern verteidigen. Aber im Kinderzimmer selbst? Bei Kindern unter zehn Jahren reicht es nach meiner Erfahrung nicht, einfach zu sagen: »Räum auf!« Kleinere Kinder brauchen unsere Hilfe und Unterstützung, denn das Chaos macht sie mutlos und steht wie ein unbezwingbarer Berg vor ihnen. Doch lassen Sie sich nicht verführen, allein für Ihr Kind aufzuräumen. Dann fühlt es sich nämlich nicht für die Ordnung in seinem Zimmer verantwortlich. Schaffen Sie gemeinsam mit Ihrem Kind Ordnungsstrukturen.

Aber wenn die Kleinen größer werden? Und das Chaos Kultcharakter bekommt? Nach dem Motto: Mein Chaos in meinem Zimmer geht die übrige Familie gar nichts an? Hier sind Verhandlungen angebracht. Ihr Kind soll Alleinherrscher in seinem Zimmer bleiben – unter einigen Grundbedingungen. Es muss eine regelmäßige Grundsauberkeit herstellen, denn ein verdrecktes Zimmer hat Auswirkungen auf die ganze Wohnung und geht die übrige Familie eben doch etwas an. Außerdem

> Trotz kleiner Mitbewohner sollte Ihre Wohnung für Sie selbst und Ihre Gäste »begehbar« bleiben.

muss die saubere Lagerung der Kleidung gewährleistet sein. Schließlich werden teure Klamotten nicht erst gekauft, um dann zu verrotten. Zu verabredeten Terminen muss so aufgeräumt sein, dass eine gemeinsame Grundreinigung möglich ist. Motten, Silberfischchen und Schaben halten sich nämlich nicht an Zimmergrenzen.

Bezahlte oder freiwillige Hilfe?

Alles schön und gut. Aber wie bringe ich mein Kind dazu mitzuhelfen? Ich fürchte, ein Patentrezept gibt es nicht – aber eine grobe Marschrichtung. Wie steht es mit Bezahlung für Hilfsdienste? Ein heikles Thema. Für die Erledigung alltäglicher Haushaltspflichten würde ich keinem Kind Geld geben: Ich bekomme ja auch nichts dafür. Es handelt sich schließlich dabei um Arbeiten, die durch das gemeinsame Leben entstehen und von allen verursacht werden. Jeder sollte sich nach seinen Möglichkeiten daran beteiligen. Finanzielle Zuwendung für den kleinsten Handgriff ist auch aus einem anderen Grund heikel: Wer auch noch die Familie nach kapitalistischen Grundsätzen durchorganisiert, der beraubt sich der menschlichen Basis des Zusammenlebens.

Aber Arbeiten, die sonst nach außen vergeben würden, wie z.B. Anstreichen, kleine Reparaturen, Gartenarbeit, Fenster putzen oder kleine Bürodienste, können Sie in barer Münze fair honorieren. Schließlich sollen unsere Kinder nicht das Gefühl haben, ausgenutzt zu werden.

Und wie ist das mit festen Diensten und Arbeitsplänen? Sie verhindern damit, dass ständig auf die anderen abgewälzt wird. Meist verweigern Kinder ja nicht offen die Hilfe, sondern meinen

> Regelmäßige »Familienkonferenzen«, in denen jedes Familienmitglied – und sei es noch so klein – zu Wort kommt, helfen viele Konflikte vermeiden.

ZUSAMMEN ZU HAUSE

nur, der Bruder/die Schwester hätte heute noch gar nicht geholfen, und sowieso immer und überhaupt... Rein objektiv erzielen Sie mit Plänen auch mehr Gerechtigkeit. Für größere Familien ist das wahrscheinlich wirklich die beste Lösung. Pläne allein nutzen jedoch wenig. Sie müssen auch die Durchführung nach Plan verteilten Aufgaben kontrollieren und notfalls durchsetzen. Bei kleineren Familien reichen mündliche Absprachen. Sie sollten in einer Runde mit der ganzen Familie besprochen werden. So hat jeder gleichzeitig eigene Pflichten und Kontrollfunktion (die besten »Controller« sind Geschwister). Außerdem sollten Sie diese Runden regelmäßig wiederholen. Um Probleme zu besprechen, Klagen anzuhören, aber auch um bei Veränderungen in der Familiensituation oder bei Unzufriedenheit Pflichten anders und neu zu verteilen. Um Gespräche und Diskussionen werden Sie mit Sicherheit nicht herumkommen. Aber das macht ja auch ein erfülltes Familienleben aus.

Ob Sie Hilfe bezahlen oder selbstverständlich erwarten, sollte von der erfüllten Aufgabe abhängen.

Vertrauen verpflichtet

Verlangen Sie etwas von Ihrem Kind, trauen Sie ihm etwas zu. Es ist Ihr Kind, und sicher werden Sie als Eltern sich manchmal in ihm wiedererkennen. Grundlage Ihres Zusammenlebens ist die Liebe zueinander – und der Respekt voreinander. Schenken Sie Ihrem Kind Ihr Vertrauen, und Sie werden nicht enttäuscht, auch wenn es zwischendurch so manche Krise und Enttäuschung geben wird. Ihr Kind fühlt sich stark mit diesem Vertrauen.

KINDER-KNIGGE-QUIZ

WAS WÜRDEN SIE TUN?

1. Sie sitzen mittags bei Tisch. Da klingelt bei Ihrem Kind das Handy – es nimmt das Gespräch entgegen.

A Sie sind froh, dass es zum Telefonieren weggeht.

B Sie gehen sofort hinterher, nehmen Ihrem Kind das Handy weg und beenden das Telefongespräch.

C Sie bitten Ihr Kind, das Gespräch zu beenden. Danach besprechen Sie die Situation und legen die Regel für die Zukunft fest: keine Handy-Gespräche während der Mahlzeit.

D Sie warten, bis Ihr Kind zurückkommt und diskutieren mit ihm, wie das in Zukunft gehandhabt wird.

C ist richtig: *Ihr Kind sollte die Chance haben, das Gespräch selbst zu beenden, um sein Gesicht gegenüber dem Anrufer nicht zu verlieren. Voraussetzung für eine gemeinsame Mahlzeit ist aber Ruhe vor Handy, Telefon, Radio & Co. Das sollten Sie nicht zur Diskussion stellen, sondern ein- für allemal deutlich klarmachen. Bitten Sie Ihr Kind, das Handy vor der Mahlzeit abzustellen – sonst droht Handy-Entzug!*

KINDER-KNIGGE-QUIZ

2. Sie kommen nach Hause und sehen nach, wo Ihr Kind ist. Sie finden es mit drei Freunden beim Spielen vor dem PC – keiner nimmt Notiz von Ihnen. Wie gehen Sie damit um?

A Sie drücken auf den Escape-Knopf und halten dem Verein eine Standpauke über Höflichkeit.

B Sie machen sich deutlich bemerkbar, bitten um eine kurze Spielunterbrechung, begrüßen Ihr Kind und seine Freunde und verabreden eine »Kakaopause« in einer Stunde.

C Sie schleichen aus dem Zimmer: Die Kinder wollen doch nicht gestört werden.

D Sie rufen »Hallo« in den Raum, nehmen das freundliche Grunzen zur Kenntnis und ziehen sich mit einem »Ich bin in der Küche« wieder zurück.

B ist richtig: *Sie sollten sich als Hausherrin oder –herr bemerkbar machen, sonst verlieren die Kinder den Respekt vor Ihnen. Die Einladung zum Kakao versüßt die Unterbrechung, macht den Kindern ihre Rolle als Gast im Haus klar und gibt Ihnen die Chance, die Freunde Ihres Kindes besser kennen zu lernen.*

3. Sie sitzen im Restaurant und warten auf Ihr Essen. Ihrem Kind ist langweilig, es rutscht vom Stuhl und beginnt lautstark Verstecken zu spielen. Einige Gäste beschweren sich.

A Sie schnappen sich Ihr Kind, beschäftigen sich mit ihm, machen evtl. einen kleinen Rundgang und bitten den Wirt um Unterstützung durch Spielzeug bzw. schnellen Service.

KINDER-KNIGGE-QUIZ

B Sie entschuldigen sich bei den Gästen mit Blick auf das Alter Ihres Kindes, lassen es aber gewähren in der Hoffnung, dass das Essen dann schneller serviert wird.

C Sie holen Ihr Kind an den Tisch zurück und zwingen es, bis zum Essen still zu sitzen.

D Sie beschweren sich beim Wirt, dass das Essen so lange dauert und er kein kinderfreundliches Haus führt.

A ist richtig: Warten fällt Kindern schwer, vor allem, wenn sie sich selbst überlassen sind und die Erwachsenen sich nur miteinander unterhalten. Sie, nicht der Wirt, sind verantwortlich für Ihr Kind, denn die übrigen Gäste haben Anspruch auf ungestörten Genuss. Doch sicher kann ein kinderfreundlicher Wirt durch entsprechenden Service beitragen, auch Kindern gerecht zu werden.

4. Ihr Kind isst mit Ihnen in einem guten Restaurant und bekommt ausnahmsweise Pommes mit Wiener Würstchen. Nach einem erfolglosen Versuch mit Messer und Gabel isst es mit den Fingern.

A Sie zwingen es, mit Messer und Gabel zu essen, weil es das schon ganz gut kann.

B Sie erlauben ihm, mit den Fingern zu essen – aber ganz appetitlich – und danach Hände waschen zu gehen.

C Sie bitten den Wirt um eine kleine Gabel und regen Ihr Kind an, Pommes-Picken zu üben. Das Wiener Würstchen schneiden Sie ihm klein.

D Sie bestrafen Ihr Kind, indem Sie seinen Teller sofort abräumen lassen.

B ist richtig, denn Pommes und Würstchen sind typisches Fingerfood. Allerdings gilt auch hier: nicht schmatzen, nicht schlingen, nicht ferkeln. Eine mögliche Alternative, gerade in sehr guten Restaurants, ist auch C.

5. Sie sind zur Hochzeit und anschließendem Fest der Patentante eingeladen – mit Kind. Das mag nur in Turnschuhen und Jeans kommen.

A Auch gut – schließlich geht es nicht um Äußerlichkeiten, sondern um innere Werte.

B Sie sprechen mit der Tante, schildern ihr das Problem und erwirken die Genehmigung zum Freizeitlook.

C Sie stellen Ihr Kind vor die Alternative: entweder chic oder gar nicht.

D Sie besprechen sich mit Ihrem Kind und machen ihm klar, dass so ein Fest für alle nur schön wird, wenn der Rahmen auch stimmt. Sie einigen sich mit ihm auf einen Kompromiss.

D ist richtig. Rigoroser Zwang führt zur Verweigerung – Leidtragende wäre die Patentante. Ihr sollte nicht der schwarze Peter zugeschoben werden, und sie hat sicher anderes im Kopf. Meist hilft es, klar zu machen, dass Freizeit-Look bei Festen aus dem Rahmen fällt – und das mögen Kinder in der Regel nicht. Schwarze Sneakers, graue Hose und dunkler Pulli mit Polohemd drunter könnte ein Kompromiss bei Jungen sein. Bei Mädchen bei Kleidchenstreik ein Hosenanzug. Wichtig: Ihr Kind sollte darin hübsch aussehen und sich wohl fühlen.

KINDER-KNIGGE-QUIZ

6. Die fremde Großtante kommt zu Besuch. Ihr (kleines) Kind versteckt sich hinter Ihnen und will sie partout nicht begrüßen.

A Sie entschuldigen Ihr Kind, bitten die Tante um Verständnis und Geduld und kümmern sich erst einmal ausführlich nur um sie. Ihr Kind beachten Sie nicht.

B Sie zwingen Ihr Kind, die Tante zu begrüßen.

C Sie beklagen sich lauthals bei der Tante über Ihr ungezogenes, scheues oder bockiges, jedenfalls ungeratenes Kind und erzählen ihr die nächste halbe Stunde ausführlich von allen Schwierigkeiten der letzten Wochen.

D Sie schicken ihr Kind in sein Zimmer und erlauben ihm erst aufzutauchen, wenn es bereit ist, die Tante zu begrüßen.

*A **ist richtig:** Wenn Dritte im Spiel sind, hat ein Machtkampf keinen Sinn. Ablenkung der Tante und Ignorieren des Kindes entschärft die Situation. Keiner verliert sein Gesich oder wird in seiner Würde verletzt. Sie sollten zu einem späteren Zeitpunkt mit Ihrem Kind über Sinn und Zweck von Begrüßung sprechen. Spätestens im Grundschulalter sollten Sie eine Begrüßung einfordern – oder das Kind als Kleinkind behandeln.*

7. Es ist jedes Mal ein Kampf: Die Großmutter will ihr Küsschen haben, und Ihr Kind wehrt sich dagegen.

A Sie weisen die Großmutter entnervt darauf hin, dass sie doch endlich akzeptieren soll, dass ihr Enkelkind das nicht mag.

KINDER-KNIGGE-QUIZ

B Sie nehmen die Großmutter erst einmal selbst in den Arm, bitten sie um Geduld und lenken ab. Danach geben Sie Ihrem Kind die Möglichkeit, der Großmutter etwas zu zeigen, zu erzählen oder vorzumachen.

C Sie schimpfen mit Ihrem Kind und drohen ihm Strafen an, wenn es nicht lieb zur Omi ist.

D Sie lenken zunächst ab, besprechen aber zu einem späteren Zeitpunkt die Situation mit Großmutter und Kind getrennt, um eine Wiederholung zu vermeiden.

__D ist richtig__. Zu einem Küsschen, nicht mal für die Oma, sollte ein Kind nie gezwungen werden – das ist ein Übergriff. Es reicht nicht, diesem Konflikt nur auszuweichen, denn er wird sich wahrscheinlich wiederholen. Am Ende ist es immer die Entscheidung des Kindes, wem es körperlich nahe kommen will.

8. Ihr Kind feiert Geburtstag. Die Geschenke, die ihm überreicht werden, reißt es eines nach dem anderen auf, ohne richtig darauf zu schauen.

A Sie machen sich unauffällig Notizen, damit sich Ihr Kind in den nächsten Tagen dann richtig bedanken kann.

B Sie schreiten ein und bitten jeden, sein Geschenk zurückzunehmen, weil Ihr Kind sich nicht bedankt. Ein Denkzettel muss sein.

C Sie unterbrechen mit der Bitte, die ausgepackten Geschenke sehen zu wollen, und schließen ganz nebenbei mit der Frage an:

»Und von wem ist das?« »Hast du dich bedankt?«

D Sie überlassen das den Kindern – schließlich ist Geburtstag, und woanders geht's ja genauso zu.

C ist richtig. Sie stellen Ihr Kind damit nicht bloß, holen es aber auf den Boden zurück und ermöglichen die in diesem Alter richtige, nämlich spontane Form des Dankes.

9. Sie fahren mit Ihrem Kind Straßenbahn. Es ist rappelvoll. Sie sitzen beide, eine alte Frau steigt zu.

A Sie bitten ihr Kind, aufzustehen oder sich auf Ihren Schoß zu setzen, und bieten der Frau den Platz an.

B Sie rücken mit Ihrem Kind zusammen und bieten der Frau den Platz mit den Worten an: »Hier ist noch Platz für einen Dritten.«

C Sie lassen ihr Kind sitzen und bieten Ihren Platz der Frau an.

D Sie machen Ihr Kind auf die Frau aufmerksam und überlassen ihm, ob es aufsteht oder nicht.

A ist richtig. Kinder sollten lernen, auf alte, gebrechliche Menschen Rücksicht zu nehmen. Bringen Sie Ihrem Kind bei, in Bus oder Tram seinen Platz anzubieten. Am besten leben Sie das vor, indem Sie selbst für den anderen aufstehen. Deshalb ist Ihre Initiative gefragt.

KINDER-KNIGGE-QUIZ

10. Ihr Kind bringt seine/n Freund/in zum Essen mit. Er/Sie hat katastrophale Essmanieren, schmatzt, schlürft und legt den Unteram vor sich auf den Tisch.

A Sie bitten den/die Freund/in sehr nett, doch lieber die Hand auf den Tisch zu legen und weder zu schlürfen noch zu schmatzen. Das sei bei Ihnen so Brauch.

B Sie übergehen das Verhalten und lenken ab. Abends besprechen Sie mit Ihrem Kind die Situation. Sie erklären ihm, dass Sie den/die Freund/in mögen, aber dass er/sie Tischmanieren einfach noch nicht so gut beherrscht. Vielleicht kann es ihm/ihr ein paar Tipps geben.

C Sie sagen Ihrem Kind stellvertretend all die Ermahnungen, die eigentlich dem/der Freund/in gelten – obwohl es selber keinen Anlass dafür gibt. Irgendwann wird der Gast ja kapieren, wer eigentlich gemeint ist.

D Sie gehen über das schlechte Benehmen hinweg, laden den/die Freund/in aber nicht zum Wiederkommen ein. Ihr Kind wird sicher merken, dass er/sie nicht so richtig passt, so dass die Sache sich von selbst erledigt.

***B ist richtig**. Auf keinen Fall dürfen Sie den kleinen Gast bloßstellen – und Ihr Kind damit isolieren. Es wird in der Regel selber unangenehm berührt sein. Ein guter Anlass, über Benehmen zu reden und einen Weg zu suchen, den Familienstil beizubehalten, auch wenn das manchmal anstrengend ist.*

Register

Artischocke richtig
   essen 78
Ausdauer 31
Ausland 69, 111
Aussprache 49

Begrüßung 8f., 21,
   34ff.
Besteck 62, 71f.
Bitte 7, 56f.
Blickkontakt 36, 38,
   46
Briefe 51f.
Brot richtig essen 78f.
Burger 79

Charakter 88

Danke 56f.
Dialekt 49f.
Dips richtig essen 79

Ei richtig essen 79
Einigkeit 19f.
Einladen 85ff.
Einladung schreiben
   89f.
Eltern-Kind-
   Beziehung 10, 17
E-Mails 33, 51, 53
Entschuldigung 55f.
Erziehungscheck 17
Erziehungsziele 15,
   17ff.
Essen, Benehmen
   beim 59ff.

Fahrrad 106
Familienfeste 56, 95
Familienmahlzeiten
   21, 23, 25f., 60ff.
Faxe 33, 51
Fisch richtig essen
   79f.
Freunde 15, 27f., 40,
   42, 85ff.

Gameboy 107
Gastfreundschaft 85ff.
Gastgeber sein 90f.
Geduld 31
Geld 97, 117
Gemeinsamkeit 26
Geschenke 93f.
Gespräch 33ff., 45ff.

Haltung 12, 37, 41,
   69ff.
Hände waschen 63
Hausarbeit 25, 117
Höflichkeit 7f., 11ff.,
   28f., 33 ff., 48, 103,
   108f.
Huhn richtig essen 80

Jugendschutz-
   gesetze 101

Kartoffeln richtig
   essen 80
Kindergeburtstag
   88ff.
Kinderzimmer 115f.
Kirschen richtig
   essen 80
Kiwi richtig essen 81

Kleidung 97ff.
Kleinkinder 30, 62, 68,
   71
Kommunikation 33ff.
Konsequenz 22
Kopfhörer 107
Kotelett richtig
   essen 81
Krabben richtig
   essen 81
Kuchen richtig
   essen 81
Küsschen geben 38

Maiskolben richtig
   essen 81
Miteinander leben
   10, 26
Muscheln richtig
   essen 82

Oberflächlichkeit 13
Öffentlichkeit 103ff.
Ordnung 113f.

Party 94f.
Pflichten 24f.
Pizza richtig essen 82
Pommes richtig
   essen 82

Rahmen 11f., 20f.
Rechte 24f.
Regeln 7ff., 14f., 20ff.
Restaurantbesuch
   76ff.
Rhetorik 48f.
Rituale 17, 44
Rücksicht nehmen
   61, 103ff.

Rücksichtslosigkeit
   7, 55

Saucen richtig
   essen 82
Schimpfworte 50f.
Selbstbewusstsein
   7f., 36
Serviette 62, 72f., 75
Skateboard 106
SMS 33, 53
Spaghetti richtig
   essen 82f.
Spareribs richtig
   essen 83
Sport 110f.
Sprache 36 ff.
Straßenverkehr 83 ff.
Suppe richtig essen
   83

Telefon 53ff.
Tisch decken 74f.
Tischsitten 58ff., 111
Torte richtig
   essen 83

Übernachten bei
   Freunden 86
Umgangsformen 13f.
Urlaub 52, 69, 111

Verabschiedung 41ff.
Vorbild sein 21f.

Zähne putzen 74, 81
Zwischenmahlzeiten
   67

IMPRESSUM

© 2005 by Südwest Verlag in der Verlagsgruppe Random House GmbH, 81673 München

Die Verwertung der Texte und Bilder, auch auszugsweise, ist ohne Zustimmung des Verlags urheberrechtswidrig und strafbar. Dies gilt auch für Vervielfältigungen, Übersetzungen, Mirkoverfilmung und für die Verarbeitung mit elektronischen Systemen.

Redaktion:
Gernot Geurtzen
Bildredaktion:
Elisabeth Franz
Umschlag:
Reinhard Soll
DTP/Satz:
Veronika Moga
Druck und Bindung:
Tesinská Tiskárna a.s., Cesky Tesin

Printed in the Czech Republic

ISBN 3-517-06841-1
817263544536271

Die Autorin
Dagmar v. Cramm ist Ernährungswissenschaftlerin. Sie lebt mit ihrem Mann und den drei Söhnen in der Nähe von Freiburg. Seit 1984 ist sie als freie Journalistin und erfolgreiche Buchautorin tätig. Sie ist Mitglied im Food Editors Club und im Präsidium der Deutschen Gesellschaft für Ernährung.

Coverfoto
Bild oben: Corbis (Steiner);
Bild unten: Corbis (Woodcock)

Illustrationen
Irmtraud Guhe, München

Hinweis
Die Ratschläge/Informationen in diesem Buch sind von Autor und Verlag sorgfältig erwogen und geprüft, dennoch kann eine Garantie nicht übernommen werden. Eine Haftung des Autors bzw. des Verlags und seiner Beauftragen für Personen-, Sach- und Vermögensschäden ist ausgeschlossen.